Wachstum oder Sicherheit?
Beiträge zur Frage der Kernenergie

14.–

7.–

5/80 Friedhelm

Der vorliegende Band ist entstanden aus einer zwölfteiligen Vortragsreihe, die 1977 im »Heidelberger Studio« des Süddeutschen Rundfunks gesendet wurde. Organisiert wurde sie in Zusammenarbeit mit der Forschungsstätte der Evangelischen Studiengemeinschaft (FEST).

Im Unterschied zu anderen Publikationen konzentrieren sich die Beiträge auf die häufig vernachlässigten sozio-ökonomischen, politischen und außenpolitischen Aspekte der Kernenergiefrage. Juristen, Philosophen, Soziologen, Natur- und Politikwissenschaftler setzen sich mit einer Reihe wichtiger Fragen auseinander.

Constanze Eisenbart, geb. 1929; Dr. phil., studierte Geschichte; sie ist wissenschaftliche Referentin an der Forschungsstätte der Evangelischen Studiengemeinschaft in Heidelberg.
Georg Picht, geb. 1913; Dr. phil., studierte klassische Philologie und Philosophie; er ist Professor für Religionsphilosophie an der Universität Heidelberg und Leiter der Forschungsstätte der Evangelischen Studiengemeinschaft in Heidelberg.

Serie Piper:

Wachstum oder Sicherheit?

Beiträge zur Frage der Kernenergie

Herausgegeben von
Constanze Eisenbart und Georg Picht

R. Piper & Co. Verlag

ISBN 3-492-00478-4

Umschlag Wolfgang Dohmen
Gesetzt aus der Times-Antiqua
Gesamtherstellung Clausen & Bosse, Leck/Schleswig
Printed in Germany

Inhalt

Vorwort 7

Die Zukunft der Atomgesellschaft – Was heißt Sicherheit? 10
Georg Picht

Historische und politische Aspekte der friedlichen Kernenergienutzung in der Bundesrepublik 19
Hans-Joachim Bieber

Energiepolitik im Wirtschaftswachstum 32
Andreas Schuke

Energie und Arbeitsplätze 39
Hans-Jochen Luhmann

Spielräume von Politik und Wirtschaft für eine bessere Nutzung der Energie 45
Ernst-Joachim Mestmäcker

Was heißt das eigentlich – Energiesparen? 55
Hartmut Bossel / Ulrich Ratsch

Altes Recht und neue Technik 67
Rainer Beeretz / Siegfried de Witt

Gesellschaftliche Einbettung der Technologien 77
Horst Folkers / Wolfgang Lienemann

Energiesysteme und ihre Verwundbarkeit 89
A. M. Klaus Müller / Friedhelm Solms

Sicherheit der Energieversorgung 99
Wolfgang Hager

Die Kernenergiepolitik der Sowjetunion 115
Alexander Brenner

Der Fall Brasilien – »Geschäft« oder Entwicklungshilfe? 125
Bernhard Moltmann

Die Verbreitung von Kernwaffen und Kerntechnik 136
Constanze Eisenbart

Eine Zusammenfassung der wesentlichsten Thesen 147
Horst Krautkrämer

Über die Autoren 161

Vorwort

Im Sommer 1977 legte die Forschungsstätte der Evangelischen Studiengemeinschaft (FEST) in Heidelberg ein Gutachten über »Alternative Möglichkeiten für die Energiepolitik« vor. Es wurde auf Anfrage der Badischen Landeskirche erstellt; zahlreiche Experten haben sich in Konsultationen und mit eigenen Beiträgen an seiner Vorbereitung beteiligt (Gutachten und Materialienbände in »Texte und Materialien der FEST«, Reihe A, 1–4). Im Unterschied zu der herrschenden Tendenz, ausschließlich Naturwissenschaftlern und Technikern auf diesem Gebiet Sachverstand zuzuerkennen, vertritt die FEST die Auffassung, daß bei Entscheidungen, die über die gesamte Lebensgestaltung künftiger Generationen verfügen, der gesellschafts- und wirtschaftswissenschaftliche, der juristische und der politologische Sachverstand nicht ausgeklammert werden darf. Das Gutachten rückt deshalb die Energiedebatte in einen Kontext, der sonst oft vernachlässigt wird.

Dies hat die Heidelberger Wissenschaftsredaktion des Süddeutschen Rundfunks dazu veranlaßt, eine Reihe der an den Vorarbeiten und der Abfassung des Gutachtens beteiligten Wissenschaftler sowie Prof. Dr. Ernst-Joachim Mestmäcker und Dr. Alexander Brenner zu bitten, aus ihrer Sicht über einige innen- wie außenpolitische, ökonomische und, in einem weiten Sinne des Wortes, gesellschaftspolitische Aspekte der Energieproblematik zu sprechen; Dr. Horst Krautkrämer vom Studio Heidelberg schloß die Sendereihe durch einen kritisch resümierenden Kommentar ab. Der so entstandene Band ist teils das Ergebnis gemeinsamer Arbeit, teils führt er diese Arbeit fort; er ist aber keine Gemeinschaftsarbeit. Er vertritt kein »Programm« und keine »Seite«, sondern steht, wie das Gutachten, quer zu den bisherigen Fronten. Er will durch die Fragen, die er aufwirft, darauf aufmerksam machen, daß die primitive Alternative »pro oder contra Kernenergie« der Komplexität der gegenläufigen Entwicklungen und der Fülle widerstrebiger »Randbedingungen« nicht gerecht wird.

Der Band enthält keine Patentlösungen und keine abschließenden Ergebnisse. In einer Welt der Umbrüche und Krisen verändert sich die politische Landschaft so rasch, daß sich schon während des Schreibens die Sachverhalte in neue Konstellationen hineinbewegen. Wir hoffen, daß es an einigen Stellen gelungen ist, unter dem Oberflächenwirbel vermeintlicher Fakten Strukturen sichtbar zu machen, die das Verständnis der Vorgänge erleichtern.

Die Autoren kommen von verschiedenen Voraussetzungen her zu unterschiedlichen Ergebnissen. Aber sie gehen alle davon aus, daß die Entscheidungen, die heute für den Energiesektor unserer Wirtschaft getroffen werden, auf Jahrzehnte hinaus die gesellschaftliche Organisation und das politische Schicksal nicht nur der Bundesrepublik bestimmen werden. Wenn ein technisches Großsystem einmal aufgebaut ist, läßt es sich kaum wieder beseitigen; es erfordert so hohe Investitionen und bindet so viele Menschen, daß es sich nur schwer auswechseln läßt. Bevor man sich für es entscheidet, müssen nicht nur die technischen Probleme gelöst sein; man sollte auch wissen, wie ein solches System ökologisch, gesellschaftlich und politisch eingebettet werden kann. Die Einbettung der Kernenergie wurde bisher wissenschaftlich noch kaum untersucht. Politisch folgenreiche Entscheidungen, die nicht mehr rückgängig gemacht werden können, wurden unter Ausschluß der Öffentlichkeit und häufig auch unter Umgehung der Parlamente getroffen. Als dann eine emotional überhitzte Diskussion ausbrach, wurde sie auch von Regierungsseite her durch einseitige Informationen fehlgeleitet. Probleme, die wir für besonders wichtig halten, wurden ausgeblendet oder heruntergespielt.

Geht man davon aus, daß der Mehrverbrauch aller Formen von Primärenergie mit Gefährdungen verbunden ist, die langfristig nicht zu verantworten sind, so werden wir uns dazu entschließen müssen, nicht nur die Lebensgewohnheiten einer hochindustrialisierten Gesellschaft, sondern auch die uns vertrauten Denkformen gewissenhaft zu überprüfen. Die Bundesregierung hat am 6. Oktober 1977 erklärt: »Die gegenwärtig in der Bundesrepublik Deutschland geführte Kernenergiediskussion stellt nicht die langfristige Notwendigkeit der friedlichen Nutzung der Kernenergie in Frage, sondern das in naher Zukunft erforderliche Ausmaß ihres Ausbaus.« (Europa-Archiv 22/1977/D 609) Diesen Satz halten wir mindestens für voreilig. Solange keine der betroffenen Wissenschaften die Konsequenzen zu übersehen vermag, die sich ergeben würden, wenn unsere Energiewirtschaft langfristig und schwergewichtig auf Kernenergie festgelegt wäre, kann auch die Bundesregierung nicht wissen, was sie entscheidet, wenn sie schon heute die Weichen unwiderruflich stellt. In einem demokratischen Staat bedürfen gerade die Grundentscheidungen einer offenen und aufgeklärten Diskussion. Wir legen diesen Band vor, weil wir – im vollen Bewußtsein der Vorläufigkeit alles dessen, was heute gesagt werden kann – zu dieser Diskussion beitragen wollen.

Heidelberg, 20. Dezember 1977

Constanze Eisenbart *Georg Picht*

Die Zukunft der Atomgesellschaft – Was heißt Sicherheit?

Georg Picht

Die Kernenergiedebatte wird in allen Lagern als eine Diskussion über Sicherheit geführt. Um so beunruhigender ist es, wie wenig wir darüber wissen, was im Atomzeitalter das Wort »Sicherheit« bedeutet und wovon unsere Sicherheit abhängt. Um Sicherheit geht es den Befürwortern der Kernenergie. Sie wollen Sicherheit der Energieversorgung für ein gesichertes Wachstum und versprechen Sicherheit der Arbeitsplätze. Sicherheit fordern auch die Bürgerinitiativen. Sie verlangen Schutz gegen die Bedrohung durch radioaktive Strahlen und gegen die ökologischen Gefahren, die mit der Einführung der Kernenergie verbunden sind. Sicherheit ist das Ziel des amerikanischen Präsidenten Carter, wenn er die Welt davor bewahren will, daß durch den Übergang zur »Plutonium-Ökonomie« jene Kontrollen außer Kraft gesetzt werden, die bisher die Verbreitung von Kernwaffen gebremst und die Gefahr eines Atomkrieges in überschaubaren Grenzen gehalten haben. Um Sicherheit geht es auch jenen Experten, die befürchten, daß die Atomgesellschaft der permanenten Bedrohung durch nuklearen Terrorismus ausgesetzt sein würde. Man könnte noch andere Aspekte von Sicherheit aufzählen, die in der bisherigen Diskussion, vermutlich zu Unrecht, vernachlässigt wurden. Für die Debatte, die in der Bundesrepublik geführt wird, ist kennzeichnend, daß die einander opponierenden Gruppen in der Regel nur einen einzigen Sektor des Sicherheitsproblems vor Augen haben. Wer sich durch die Angst vor der Radioaktivität bestimmen läßt, ist selten bereit, darüber nachzudenken, welche Gefahren für Leib und Leben eintreten können, wenn unsere Gesellschaft durch Aussetzen der Energieversorgung in eine schwere ökonomische, soziale und politische Krise geraten würde. Wer nur das Wachstum sichern will, läßt sich auf eine Diskussion über die Verbreitung von Kernwaffen und die zunehmende Wahrscheinlichkeit eines Atomkrieges gar nicht erst ein. Tatsächlich sind alle Sicherheitsprobleme, vor die wir im Atomzeitalter gestellt sind, miteinander verkoppelt. Die Sicherheit ist unteilbar geworden; sie ist gefährdet, wenn wir das nicht einsehen wollen. Sicherheit ist vieldimensional. Wir werden sie nur bewahren, wenn wir vieldimensional zu denken lernen. Deshalb will ich versuchen, einige der Dimensionen unserer bedrohten Sicherheit zu beschreiben.

I. Die Dimension der technischen Sicherheit

Es ist kennzeichnend für die Mentalität einer modernen Industriegesellschaft, daß in den vergangenen Jahren jener Aspekt des Sicherheitsproblems im Vordergrund stand, der vermutlich von allen der harmloseste ist. Der Streit ging um die *technische* Sicherheit der Atomkraftwerke. Reaktorsicherheit ist etwas anderes als die Funktionssicherheit konventioneller technischer Systeme, denn hier wird mit Materialien umgegangen, die so gefährlich sind, daß bei der Entwicklung von Sicherheitsmaßnahmen technisches Neuland betreten werden mußte. Völlig neu ist der Zeithorizont, der bei der Sicherung einiger radioaktiver Substanzen zu berücksichtigen ist. Sie bedrohen über Tausende von Jahren hin Leben, Gesundheit und Erbgut. Die technische Sicherheit eines Reaktors wird nicht nur durch sein Konstruktionsmodell und durch die Mannschaft, die ihn bedient, garantiert; sie hängt auch von der technischen Verläßlichkeit sämtlicher Zulieferfirmen ab. In allen muß fehlerfrei gearbeitet werden – mindestens müssen die Kontrollen fehlerfrei funktionieren. Die westlichen Industriestaaten und Japan haben einen Stand der Technik und der Ausbildungssysteme erreicht, der die Annahme erlaubt, daß sie – wir wissen nicht, wie lange – in der Lage sein werden, das Problem der technischen Sicherheit von Kernkraftwerken zu beherrschen. In der Sowjetunion scheint das schon schwieriger zu sein. Noch gar nichts wissen wir darüber, ob auch in den Entwicklungsländern die Bedingungen hergestellt werden können, die für Reaktorsicherheit gefordert werden müssen. Es wäre verantwortungslos zu meinen, das sei nicht unsere Sache. Trotz dieser und anderer Bedenken gehe ich von der Annahme aus, die Probleme der Reaktorsicherheit, der

Wiederaufbereitung und der Endlagerung seien technisch lösbar. Zwar hat es Unfälle verschiedenen Ausmaßes gegeben; es wird sie auch in Zukunft geben. Aber man kann hoffen, daß sie nur lokale Bedeutung haben werden. Mit diesen Einschränkungen habe ich die technische Sicherheit als den relativ harmlosesten Aspekt des mit der Kernenergie gestellten Sicherheitsproblems bezeichnet. Die Anwälte der Kernenergie haben ein unverkennbares Interesse daran, die Sicherheitsdebatte auf den technischen Aspekt einzuschränken. Sie vertreten deshalb lautstark die Meinung, nur Techniker und Physiker seien befugt, zu diesem Thema eine Meinung zu äußern. Von den Regierungen, den Parlamenten und weithin auch von den Gerichten wird der Monopolanspruch der wissenschaftlich-technischen Experten bisher weithin respektiert. Das hat zur Folge, daß die anderen Aspekte der nuklearen Sicherheit noch nicht genügend ernst genommen werden. Es fehlen sorgfältige Analysen von Gefahren, die man zwar voraussehen kann, die aber wegen der Einseitigkeit, mit der die Diskussion geführt wird, bei der Aufstellung von Kernenergieprogrammen nicht genügend berücksichtigt werden. Ich halte deshalb den Monopolanspruch der Techniker selbst für ein Sicherheitsrisiko erster Ordnung.

Die technischen Probleme kann man isolieren, aber ein Energieversorgungssystem schwebt nicht im leeren Raum, es ist in die Natur und in die Gesellschaft eingebettet. Es kann beide gefährden. Die Einbettung der Kernenergie stellt uns vor sehr viel schwierigere Aufgaben als die Sicherung der Reaktoren selbst. Wir fragen zunächst nach der Einbettung in unsere Umwelt.

II. Die Dimension der ökologischen Sicherheit

Wenn man verstehen will, wie die Natur, in der wir leben, durch den Energieverbrauch einer modernen Industriegesellschaft bedroht wird, darf man die Kernenergie nicht allein betrachten. Man darf auch nicht fossile Energie, also Energie, die aus Kohle, Öl und Erdgas gewonnen wird, und Kernenergie gegeneinander ausspielen. Die gefährlichsten Umweltbelastungen, mit denen wir zu rechnen haben, sind allen heute genutzten Energiequellen gemeinsam.

Bei jeder Energienutzung wird Wärme freigesetzt. Dieser Satz folgt aus einem Naturgesetz, das sich durch technische Maßnahmen nicht aufheben läßt. Wird Energie in großen Quantitäten genutzt, muß die Abwärme Klimaveränderungen zur Folge haben. Das klimatische System Festland – Atmosphäre – Ozean – Polareis ist labil und gegen Schwankungen im Wärmehaushalt empfindlich. Experten rechnen damit, daß bei Fortsetzung der gegenwärtigen Wachstumsraten die Schranke, die nicht überschritten werden darf, in 100 Jahren, vielleicht aber schon früher, erreicht wird. Sie liegt also im Auswirkungsfeld der heutigen Planungen. Global betrachtet, bedeutet Klimaveränderung, daß die heutigen Kulturzonen der Erde unbewohnbar werden. Man muß aber auch die regionalen Klimata rechtzeitig in Betracht ziehen. In industriellen Ballungsgebieten werden schon heute meßbare Klimaveränderungen von beunruhigendem Ausmaß festgestellt. Einem dichtbesiedelten und überindustrialisierten Land wie der Bundesrepublik Deutschland sind deshalb energiewirtschaftlich sehr viel engere Grenzen gesetzt als weiträumigen Staaten wie etwa den USA und der Sowjetunion.

Neben der Wärmeemission, die ihnen gemeinsam ist, haben fossile Energie und Kernenergie je ihre spezifischen Gefahren. Bei dem Verbrauch von fossiler Energie werden schädliche Stoffe freigesetzt, die sich nur zum Teil durch technische Maßnahmen zurückhalten ließen. Das würde jedoch Verteuerungen zur Folge haben, die bisher entweder gar nicht oder nur zögernd hingenommen werden. Nicht nur die von Kernkraftwerken freigesetzte Radioaktivität, sondern auch die von fossilen Kraftwerken ausgestoßenen Schadstoffe können Krebs erzeugen. Kein Mittel gibt es gegen die Emission von CO_2; sie steigert mit ihrem »Treibhauseffekt« die Gefahr einer durch Abwärme verursachten Klimaveränderung. Bei der Kernenergie entfällt ein Teil dieser Umweltbelastungen, deshalb wird gesagt: Kernenergie sei »umweltfreundlich«. Dafür bedroht sie – abgesehen von der Wärmeemission – unsere Umwelt durch Radioaktivität. Hier kommen dann alle jene Sicherheitsprobleme ins Spiel, die nicht nur von der technischen Sicherung, sondern auch von der Einbettung der Energiesysteme in die Gesellschaft abhängig sind und die uns noch beschäftigen werden. Schon jetzt aber können wir feststellen, daß es eine Irreführung der Öffentlichkeit ist, wenn man die Umweltfreundlichkeit der Kernenergie gegen die Umweltbelastung durch fossile Energie ausspielt. Der verstärkte Ausbau der Kernenergie wird nämlich im Rahmen eines Wachstumsprogramms gefordert, das – angekurbelt durch die Kernenergie – auch eine starke Zunahme des Verbrauchs an fossiler Energie zur Folge hätte.

Die bisherige Wachstumspolitik kann mit den heute von uns genutzten Energieträgern langfristig nicht fortgesetzt werden. Wir müssen eine Kurskorrektur vornehmen. Entweder stellen wir uns rechtzeitig auf eine Politik des Energiesparens und der möglichst breiten Nutzung ungefährlicherer Energieträger (Sonne, Wind, Gezeiten, Geothermik) um, oder wir treiben mit wachsender Geschwindigkeit einem Zustand entgegen, in dem nur noch dramatische Maßnahmen mit vermutlich katastrophalen Auswirkungen helfen könnten. Das Problem der *ökologischen* Sicherheit ist also untrennbar mit dem Problem der *ökonomischen* Sicherheit verkoppelt. Es geht um die Frage, ob eine Industriegesellschaft überhaupt über längere Fristen in unserer natürlichen Umwelt existieren kann.

III. Die ökonomische Dimension der Sicherheit

Die industrialisierten Gesellschaften sind vom Funktionieren technischer Systeme abhängig geworden, in denen sehr große Quantitäten an Energie durch technische Anlagen umgewandelt und nutzbar gemacht werden. Deshalb ist die Energieversorgung ein Schlüsselproblem der ökonomischen, sozialen und politischen Sicherheit dieser Gesellschaften. Sie haben sich außerdem daran gewöhnt, ihre sozialen Konflikte und ihre Verteilungskämpfe dadurch zu lösen, daß sie nicht das verteilen, was vorhanden ist, sondern Verpflichtungen über die Disposition von zukünftigen Zuwächsen eingehen. Unser soziales Sicherheitssystem beruht weitgehend auf Krediten, die nur durch Wachstum eingelöst werden können. Deshalb stehen diese Gesellschaften unter einem Wachstumszwang, der, rückgekoppelt, als ein Zwang zur Steigerung des Energieverbrauchs erscheint. Jeder Eingriff bedroht das System mit schwerwiegenden sozialen und politischen Erschütterungen. Eine Regierung, die im Stande wäre, den Zirkel dieser Zwangsläufigkeiten zu durchbrechen, läßt sich unter den heute gegebenen Bedingungen schwer vorstellen. Aus diesem Grunde ist es unwahrscheinlich, daß die energiepolitische Kurskorrektur, die geboten wäre, sich durchsetzen läßt. Es ist vor allem dann unwahrscheinlich, wenn die Gegner der Kernenergie keine ökonomischen Alternativen anzubieten haben.

Was heißt in diesem Kontext »Sicherheit«? Die öffentliche Diskussion stellt zwei Aspekte der ökonomischen Sicherheit in den Vordergrund: Erhaltung des Lebensstandards und Sicherung der Arbeitsplätze. Man ist überzeugt, daß diese beiden Ziele nur durch expansives Wirtschaftswachstum erreicht werden können und daß Wirtschaftswachstum nicht ohne Steigerung des Energieverbrauchs möglich ist. Deshalb ist man bereit, die Risiken der Kernenergie in Kauf zu nehmen. Diese Argumentation läßt sich schon rein ökonomisch von verschiedenen Seiten her in Frage stellen; davon wird in einigen der folgenden Beiträge noch die Rede sein. Uns interessiert hier, ob das Verständnis von Sicherheit, das der Parole »Stabilität durch Wachstum« zugrundeliegt, überzeugen kann. Das Wort »Stabilität« soll zum Ausdruck bringen, daß wir behalten wollen, was wir haben. Nun ist es nicht schwer, einzusehen, daß der Besitzstand jedes einzelnen nicht nur von seinem Einkommen abhängt. Er ist nur dann garantiert, wenn die soziale und politische Ordnung nicht erschüttert wird, wenn die gesellschaftlichen Infrastrukturen funktionsfähig bleiben und wenn die Organe des Staates verläßlich arbeiten. Dies alles ruht auf der Voraussetzung, daß unsere natürliche Umwelt die Belastungen durch eine Industriegesellschaft tragen kann. Im Wort »Stabilität« ist also sehr viel mehr enthalten als die Höhe des Bruttosozialproduktes. Vermögen wir die politischen, sozialen und ökonomischen Bedingungen der Stabilität nicht zu sichern, so wird auch jene Sicherheit verspielt, die wir uns vom wirtschaftlichen Wachstum versprechen.

Wie sieht es nun mit dem Wachstum aus? Industrielles Wachstum ist nur durch technische Innovationen zu erreichen. Technische Innovationen verursachen permanente Umstellungen nicht nur der Produktion, sondern auch der Arbeitsbedingungen im Dienstleistungssektor. Diese Umstellungen übersetzen sich in fortgesetzte Veränderungen der Lebensverhältnisse, des Konsums, der Ausbildungsanforderungen, der sozialen Strukturen und damit auch des politischen Feldes. Der Zwang zu immer neuen Umstellungen hat wachsende soziale Instabilität zur Folge. Es ist kaum eine Übertreibung, wenn man sagt: Permanentes Wirtschaftswachstum in der bisherigen Form bedeutet permanente Revolution. Expansives Wachstum unterminiert jene vor- und außerökonomischen Bedingungen der Sicherheit, deren Fortbestand bei der Rede von der Stabilität stillschweigend vorausgesetzt wird. Die Formel »Stabilität durch Wachstum« ist in sich widersprüchlich; sie bedeutet soviel wie »Stabilität durch Instabilität«.

Das wird noch deutlicher, wenn man sich klarmacht, daß für die Bundesrepublik expansives Wachstum nur um den Preis einer steigenden Abhängigkeit vom Weltmarkt zu haben ist. Je mehr Energie wir verbrauchen, desto mehr verpfänden wir unsere Sicherheit an die Länder, die uns Öl, Uran und Erdgas liefern. Das gleiche gilt auch für andere Rohstoffe und Güter. Vor allem aber hängt das expansive Wirtschaftswachstum für die Bundesrepublik am Export. Durch den Export verlagern wir die Basis unserer ökonomischen Stabilität nach außen. Wir werden abhängig vom Funktionieren einer integrierten Weltwirtschaft und ihrer Währungssysteme. Diese Wirtschaft entbehrt heute der politischen Ordnung und ist schweren Gleichgewichtsstörungen unterworfen. Sie wird fortwährend durch das Spiel von Kräften gestört, die keine Regierung kontrollieren kann. In dem Maße, in dem wir eine Wachstumswirtschaft betreiben, die durch dauernd steigende Energiezufuhr gespeist wird, liefern wir uns an die blinde Dynamik dieses internationalen Kraftfeldes aus.

Wir sollten statt dessen das expansive materielle Wachstum durch stabilisierende Formen des Wachstums ablösen, auch wenn uns das dazu nötigen könnte, unseren im internationalen Vergleich überhöhten Lebensstandard einzuschränken.

IV. Soziale und politische Dimensionen der Sicherheit

Die größten Risiken der Kernenergie zeigen sich erst, wenn man das Problem der Einbettung dieses Energiesystems in die politischen und sozialen Strukturen durchdenkt. Hier muß man nicht den einzelnen Reaktor, sondern die Gesamtheit jener von Schnellen Brütern gespeisten Plutonium-Wirtschaft ins Auge fassen, die in den Regierungsprogrammen der Bundesrepublik und der übrigen europäischen Länder vorgesehen ist. Um eine solche Wirtschaft zu betreiben, müssen sehr große Mengen von Plutonium und anderem radioaktiven Material bearbeitet, sicher gelagert und über Hunderte von Kilometern transportiert werden. Die ganze Gesellschaft ist durch diese hochgiftigen Substanzen bedroht. Dann hängt die Sicherheit nicht mehr von der Konstruktion technischer Anlagen ab. Das störungsfreie Funktionieren solcher Mensch-Maschine-Systeme ist der Zuverlässigkeit und Gewissenhaftigkeit großer Zahlen von Menschen anvertraut. Der Schutz der Anlagen muß über Tausende von Jahren hinweg garantiert werden können. Weder Naturkatastrophen, noch Epidemien, Wirtschaftskrisen, Revolutionen, Bürgerkriege oder Kriege dürfen die komplizierten Sicherungsmaßnahmen außer Kraft setzen, die alle Sachkenner für unentbehrlich halten. Das fordert eine politische und soziale Ordnung, die ebenso lange stabil bleibt, wie die ganze uns bekannte Menschheitsgeschichte bisher gedauert hat. Wer behauptet, eine Plutonium-Ökonomie sei »sicher«, muß sagen, wie er einen solchen Zustand herstellen will.

Die friedliche Nutzung der Kernspaltung läßt sich aber, wie wir inzwischen wissen, von ihrem Einsatz für Zwecke der Gewalt nicht mehr sauber scheiden. Wer Plutonium hat, kann Atombomben bauen. Das gilt nicht nur für Staaten, sondern auch für Terroristen. Der Terrorismus ist heute internationalisiert und wird für hochspezialisierte Formen des Guerillakampfes von gewissen Regierungen oder regierungsähnlichen Organisationen eingesetzt. Die Ausstattung von Terroristen mit Atomsprengkörpern wird in Kürze kein technisch unlösbares Problem mehr sein. Noch größer sind die Gefahren, die sich daraus ergeben, daß sich die Zahl der Staaten vermehrt, die über Kernwaffen verfügen. Nach Angaben des Stockholmer SIPRI-Institutes werden 1984 etwa 28 Staaten, die bisher noch keine Kernwaffen herstellen, in der Lage sein, in ihren friedlichen Reaktoren jährlich zusammen 30000 kg Plutonium zu produzieren. Diese Menge würde theoretisch ausreichen, um pro Tag zehn Nagasaki-Bomben herzustellen. Wenn die Zahl der mit Atomwaffen ausgestatteten Staaten sich derart vermehren würde, geriete das gesamte bisherige System der nuklearen Abschreckung außer Kontrolle. In einer Welt, in der durch Ungleichheit der Güterverteilung, ideologische Gegensätze und machtpolitische Konkurrenz auf allen Kontinenten die Konfliktpotentiale zunehmen, gibt es keine Sicherung dagegen, daß durch den lokalen Einsatz von Kernwaffen die Kettenreaktion ausgelöst wird, die den großen Atomkrieg herbeiführt. Hinter dieser Gefahr verblassen alle übrigen Gefahren. Sie ist – es sei wiederholt – mit dem Ausbau der Kernenergieanlagen zu friedlichen Zwecken untrennbar verbunden.

Die Entwicklung, die im Jahre 1953 mit Präsident Eisenhowers Programm »Atoms for Peace« eingeleitet wurde, läßt sich nicht rückgängig machen. Es ist illusorisch, in der heutigen Welt den totalen Verzicht auf Kernenergie zu fordern. Aber nachdem die mit dieser Form der Energietechnik verbundenen Gefahren einmal erkannt sind, haben wir die Verpflichtung, sie einzudämmen und unter Kontrolle zu bringen. Das kann nur gelingen, wenn wir alle Dimensionen der Sicherheit vor Augen haben und das Wechselverhältnis der Faktoren durchschauen, von denen abhängt, ob das labile Gleichgewicht der technischen Zivilisation im Atomzeitalter trotz aller Krisen aufrecht erhalten und, wenn möglich, stabilisiert werden kann.

Historische und politische Aspekte der friedlichen Kernenergienutzung in der Bundesrepublik

Hans-Joachim Bieber

Das experimentelle Fundament für die Nutzung der Kernenergie in Deutschland wurde zwar 1938 gelegt, als es Otto Hahn und Fritz Straßmann zum erstenmal gelang, ein Uranatom zu spalten. Aber die wirtschaftliche Nutzung der Kernenergie in der Bundesrepublik begann verhältnismäßig spät. Denn nach dem Zusammenbruch des Dritten Reiches verboten die Alliierten dem besiegten Deutschland zunächst jegliche Erforschung und Verwendung der Kernenergie. Deutsche Kernforschungsanlagen, die den Krieg überdauert hatten, wurden zerstört, die Kernphysiker interniert. An eine wissenschaftliche Weiterarbeit auf dem Gebiet der Kernphysik war infolgedessen jahrelang nicht zu denken, erst recht nicht an eine Nutzung der Kernenergie für wirtschaftliche oder gar militärische Zwecke. Die meisten Beschränkungen fielen erst im Mai 1955, als die Bundesrepublik mit der Ratifizierung der Pariser Verträge ihre volle Souveränität erhielt. Gerade zu dieser Zeit erlebte die friedliche Kernenergienutzung weltweit den ersten großen Aufschwung. Nur wenige Wochen später, im August 1955, zehn Jahre nach dem Abwurf der Atombomben auf Hiroshima und Nagasaki, veranstalteten die Vereinten Nationen in Genf unter dem Motto »Atome für den Frieden« die erste große internationale Konferenz zur Kernenergienutzung. 1200 Delegierte aus 73 Nationen und 800 Wissenschaftler nahmen an ihr teil, Hunderte von Journalisten verschafften ihr weltweite Resonanz. Ihre Grundstimmung waren Faszination und Euphorie über die schier unbegrenzten Möglichkeiten der neuen Energiequelle: über das Ende aller Energiesorgen in den Industriestaaten, über unabsehbare technische Fortschritte, von der Antriebstechnik bis zur Medizin, aber auch über ungeahnte Entwicklungsmöglichkeiten für die Länder der Dritten Welt, deren Probleme die Industriestaaten damals gerade wahrzunehmen begannen. Bereits hier wurden die Entwicklungsländer als künftige Abnehmer von Kernkraftwerken entdeckt, und bereits hier setzte der Kampf um die künftigen Weltmärkte im Nukleargeschäft ein.

Die Bundesrepublik nahm an der Konferenz als nuklearer Habenichts teil. Außer dem mittlerweile 76jährigen Otto Hahn hatte sie kaum etwas vorzuweisen. Und selbst Hahn zeigte sich ehrlich erstaunt über das, was er hier sah und hörte. Auf die deutschen Teilnehmer wirkte das Treffen daher wie ein »kategorischer Imperativ«[1], nun auch in der Bundesrepublik schleunigst aktiv zu werden.

Sie brauchten nicht lange zu warten. Bereits wenige Wochen später, im Oktober 1955, richtete die Bundesregierung ein eigenes Ministerium für Atomfragen ein. An seine Spitze trat der stellvertretende CSU-Vorsitzende Franz-Josef Strauß. Er setzte sich zum Ziel, so schnell wie möglich den damals 10–15jährigen Rückstand der Bundesrepublik in der Kernenergieentwicklung aufzuholen.

Politisch war dieses Ziel im wesentlichen unumstritten. Auch die SPD und die Gewerkschaften feierten damals die Anfänge der friedlichen Kernenergienutzung als den »Beginn eines neuen Zeitalters für die Menschheit«[2]; auch sie setzten sich dafür ein, die Atomforschung mit allen Kräften und mit größtem Nachdruck zu fördern. Allgemein galt in den fünfziger Jahren die friedliche Nutzung der Kernenergie als die fortgeschrittenste und zukunftsträchtigste technische Neuentwicklung, und fast alle politisch und wirtschaftlich Verantwortlichen waren überzeugt davon, daß jede Industrienation auf diesem Gebiet mithalten müßte, wenn sie nicht auf längere Sicht zur Zweitrangigkeit herabsinken wollte, ganz besonders die Bundesrepublik mit ihrer exportorientierten Wirtschaft.

Politisch strittig war lediglich die Frage, ob die künftige deutsche Atomindustrie vom Staat gelenkt und betrieben werden oder der Privatwirtschaft überlassen bleiben sollte. Die Industrie forderte verständlicherweise Bewegungsfreiheit der Privatwirtschaft auch auf diesem Gebiet. SPD und Gewerkschaften hingegen setzten sich anfänglich dafür ein, daß der Staat den neuen Wirtschaftszweig übernehmen sollte. Sie befürchteten, daß andernfalls die in der Energieversorgung bereits bestehenden Monopole gestärkt oder neue monopolähnliche Gebilde mit unangemessen großem Einfluß auf Wirtschaft und Politik entstehen könnten. Nachdem die SPD aber in den Bundestagswahlen von 1957 wieder eine Niederlage erlitten hatte und sich fortan mit der privatwirtschaftlichen Ordnung abzufinden begann, wie sie in der Bundesrepublik restauriert worden war, gab sie ihren Widerstand gegen eine Betätigung der Privatindustrie in der Kernenergienutzung auf. 1959 stimmte sie dem Atomgesetz zu, mit dem die gesetzliche Grundlage hierfür geschaffen wurde. Der Staat beschränkte sich auf Genehmigungs- und Kontrollrechte.

Indessen waren sich alle Interessenten darüber einig, daß der Staat nichtsdestoweniger beim Aufbau der Kernindustrie erhebliche finanzielle Hilfe leisten müßte. Übereinstimmung bestand auch darüber, daß er sich auf diesem Gebiet von Experten beraten lassen müßte. Denn für Regierung, Abgeordnete, Ministerialbürokratie und Verwaltung stellte die friedliche Kernenergienutzung völliges Neuland dar; dasselbe galt für die breite Öffentlichkeit. Deshalb wurde im Dezember 1955 eine Kommission zur Beratung des Atomministeriums berufen. Doch unabhängig, wie die SPD es verlangte, war sie keineswegs. Ihre 25 Mitglieder wurden vom Minister nach eigenem Gutdünken berufen. Zehn von ihnen waren führende Vertreter der Großindustrie, zwei vertraten die Banken und Versicherungen, acht waren Wissenschaftler, aber nur zwei kamen aus den Gewerkschaften. Ähnlich zusammengesetzt waren die Fachkommissionen und Arbeitskreise, die die »Atomkommission« ihrerseits berief und die fortan deren Hauptarbeit leisteten.

Offiziell war die Atomkommission lediglich ein Beratungsorgan des Atomministeriums. Faktisch aber ersetzte sie eine eigene Atombehörde. Bereits 1957 umfaßte sie mit ihren Untergliederungen rund 200 Mitglieder. Zur gleichen Zeit hatte das Ministerium lediglich 38 Mitarbeiter im höheren Dienst, überwiegend Juristen ohne einschlägige Kenntnisse der Materie, für die sie zuständig waren. Die Arbeitsweise der Atomkommission entzog sich unerwünschten Einblicken. Ihre Sitzungen waren vertraulich. Verhandlungsergebnisse wurden nur selten veröffentlicht. Zwar bestanden innerhalb der Kommission Interessengegensätze: zwischen den Wissenschaftlern, die vor allem Grundlagenforschung betreiben wollten, und der Industrie, die in erster Linie an kommerziell nutzbaren Forschungsergebnissen interessiert war, innerhalb der Industriegruppe wiederum zwischen den Reaktorherstellern und ihren potentiellen Kunden, den Energieversorgungsunternehmen und den großen Chemiefirmen. Trotzdem blieben rund zehn Jahre lang ernsthafte Interessenkonflikte in der Atomkommission aus; in erster Linie deshalb, weil während der damaligen Hochkonjunktur für alle Interessenten genügend Geld zur Verfügung stand. Infolgedessen entwickelten sich die Atomkommission und ihre Untergliederungen – wie es in der Ministerialbürokratie hieß – zu »Verteilerkreisen zur gegenseitigen Bedienung«, zu »Interessenkartellen«, die nach der Devise arbeiteten, »gibst du mir einen Beschleuniger, gebe ich dir einen Reaktor«[3].

Das wichtigste Steuerungsinstrument der Nuklearpolitik bildeten die Atomprogramme. Sie legten Umfang und Zweck der staatlichen Ausgaben auf diesem Gebiet für jeweils mehrere Jahre im voraus fest. Das erste Atomprogramm wurde 1958 verabschiedet, das zweite 1963, das dritte 1968 und das bisher letzte 1972. Ihr Schwerpunkt verschob sich im Lauf dieser Jahre von der Herbeiführung der personellen und institutionellen Voraussetzungen für eine leistungsfähige Nuklearindustrie und der Verfolgung einer Vielzahl von Reaktorlinien über die Förderung von Versuchs-, Prototyp- und Leistungskernkraftwerken auf die Entwicklung des Hochtemperaturreaktors und des Schnellen Brüters sowie flankierende Forschungen zu Sicherheitsfragen und Problemen des Brennstoffkreislaufs. Die ersten drei Programme, die zusammen eine Laufzeit von knapp eineinhalb Jahrzehnten hatten und Aufwendungen in Höhe von rund 13 Mrd. DM vorsahen, wurden in allen wichtigen Punkten von der Atomkommission, also von den Interessenten aus Industrie und Wissenschaft selbst, entwickelt und formuliert und vom Atomministerium vollinhaltlich übernommen und ausgeführt.

Nach gewissen Anlaufschwierigkeiten erbrachten sie den gewünschten Erfolg. Nachdem schon 1956 – noch vor der Verabschiedung des ersten Atomprogramms – der Bau des Kernforschungszentrums Karlsruhe und ein Jahr später die Errichtung der Kernforschungsanlage Jülich begonnen worden waren, wurde 1961 der erste deutsche Versuchsreaktor in Kahl am Main in Betrieb genommen. Es folgten die Demonstrationskraftwerke Gundremmingen, Obrigheim am Neckar und Lingen an der Ems. 1968 wurden die beiden ersten großen Leistungskraftwerke in Auftrag gegeben, Stade an der Elbe und Würgassen an der Weser. Ein Jahr später konnte die deutsche Reaktorindustrie – auch hierbei von der Bundesregierung tatkräftig unterstützt – den ersten Exportauftrag verbuchen. Ende der sechziger Jahre hatte sie den Anschluß an die internationale Konkurrenz erreicht.

Obwohl der Staat einen erheblichen Teil der Kosten für diese Entwicklung trug – durch Gelder für Forschungs- und Entwicklungsvorhaben, Steuervergünstigungen, Vorzugskredite, Ausfall- und Gewinngarantien und andere Subventionen –, fand eine politische Kontrolle bis dahin praktisch nicht statt. Das Bundestagsplenum befaßte sich außerhalb der Haushaltsberatungen nur selten mit Fragen aus dem Kernenergiebereich, und wenn, dann regelmäßig unter Zeitdruck und vor fast leeren Bänken. In den zuständigen Fachausschüssen des Bundestages saßen kaum Abgeordnete mit einschlägigen naturwissenschaftlichen und technischen Kenntnissen und Interessen. Und den Veränderungen im Aufgabenbereich des Ministeriums entsprechend – aus dem Atomministerium ging über mehrere Zwischenstufen das heutige Bundesministerium für Forschung und Technologie hervor – mußten sie sich regelmäßig auch mit gänzlich anderen Dingen befassen, mit Fragen des Wasserrechts, der Pressekonzentration, der Pflege von Kulturdenkmälern, der Weltraumfahrt und schließlich dem Post- und Fernmeldewesen. Lange Zeit begnügten sie sich mit einer mehr oder weniger schweigenden Billigung der Vorlagen des Ministeriums, die ihrerseits aus der Atomkommission stammten. Der Haushaltsausschuß, dem die finanzielle Kontrolle der Atompolitik oblag, hatte noch weniger Sachkenntnis und Zeit, sich eingehend und kritisch mit dieser Materie zu befassen. Es kam hinzu, daß die Haushaltsplanung den Atomprogrammen hinterher hinkte. Eine Kontrolle war also ohnehin meist erst dann möglich, wenn das Geld nach dem Wort eines Abgeordneten »längst den Bach hinunter« war und »nur noch von hinten fotografiert werden« konnte.[4] Im übrigen gab es zwischen den drei Bundestagsparteien rund 20 Jahre lang keine Meinungsverschiedenheiten in der Atompolitik. Bis in jüngste Zeit bestand in dieser Frage praktisch eine große Koalition. Selbst in Wahlkämpfen hat sie bisher nie eine Rolle gespielt.

Auch außerhalb des Parlaments wurde bis zum Ende der sechziger Jahre kaum Kritik an der Atompolitik laut. Die Gewerkschaften erblickten in der Kernenergienutzung nach wie vor eine Voraussetzung für die Hebung des Lebensstandards der breiten Massen und für weitere Fortschritte in der Arbeitserleichterung und unterstützten deshalb alle Maßnahmen auf diesem Gebiet. Zwar machten sie gelegentlich auf die Gefahr aufmerksam, daß die Kerntechnik mehr Arbeitsplätze überflüssig machen könnte, als sie gleichzeitig schaffte. Doch solange die Hochkonjunktur anhielt, Vollbeschäftigung herrschte und alljährlich ein kräftiges Wirtschaftswachstum zu verzeichnen war, zogen sie aus solchen Bedenken keine praktischen Schlüsse.

Aus den Kreisen der Wissenschaftler kamen ebenfalls keine Einwände gegen die Kernenergienutzung, sei es, weil es dort noch keine Bedenken gab, sei es, weil die Kernphysiker überwiegend in der Industrie und in den Kernforschungszentren beschäftigt waren und Äußerungen aus Furcht vor unliebsamen persönlichen Folgen unterließen.

Dagegen haben Bürgerproteste den Bau von Atomanlagen von Anfang an begleitet, die Errichtung des ersten Forschungsreaktors in München ebenso wie die der Kernforschungszentren in Karlsruhe und Jülich. Bis zum Ende der sechziger Jahre aber blieben sie politisch belanglos. Sie waren meist schlecht organisiert, hatten keinen Rückhalt bei Parteien und überregionalen Verbänden und kaum weitere Resonanz. In der Regel besiegelte ihre Niederlage vor Gericht oder die faktische Entwicklung ihre Lebensdauer.

Die geringe öffentliche Kritik an der Atompolitik in den sechziger Jahren hängt allerdings auch damit zusammen, daß die Interessenten selbst eine höchst aktive Öffentlichkeitsarbeit betrieben. Schon 1959 wurde zu diesem Zweck das »Deutsche

Atomforum« gegründet. Es hat seitdem mit großem finanziellen Aufwand zahllose Vorträge, Ausstellungen, Kongresse und Pressekonferenzen veranstaltet, um Vorbehalte gegen die Kernenergie abzubauen und die Bevölkerung von der Notwendigkeit und den Segnungen der Kernenergie für industrielle Zwecke zu überzeugen. Auch im Atomforum gaben die interessierten Industriekreise den Ton an. Sie waren allerdings umsichtig genug, Vertreter aller Parteien in ihre Organisation hineinzuholen. Gerade das Referat »Öffentlichkeitsarbeit« wurde einem SPD-Abgeordneten übertragen, lange bevor die SPD in Bonn an die Regierung kam.

Bis zum Ende der sechziger Jahre ist es aus diesen Gründen nahezu unbemerkt geblieben, daß die Angaben über die Kosten der Kernkraftwerke und ihre Rentabilität weit auseinandergingen, daß viele Fragen der Wiederaufbereitung und Endlagerung von Kernbrennstoffen noch ungelöst waren und daß man sich über die Arbeitskräfteprobleme einer expandierenden Nuklearindustrie, über Umweltbelastungen, über Landschaftszerstörung durch Industrieansiedlungen im Gefolge von Kernkraftwerken, über Probleme der militärischen wie der inneren Sicherheit, die durch Kernkraftwerke aufgeworfen werden können, und über die außenpolitischen Konsequenzen von Nuklearexporten kaum Gedanken machte. Ebensowenig wurde wahrgenommen, daß die anfänglich geäußerten Besorgnisse von SPD und Gewerkschaften vor neuen wirtschaftlichen Machtzusammenballungen bestätigt wurden. Sowohl auf nationaler wie auf internationaler Ebene nämlich setzte rasch ein Konzentrationsprozeß ein, insbesondere im Reaktorbau und in der Urangewinnung. In beiden Bereichen haben sich übrigens schon frühzeitig auch die großen Ölkonzerne engagiert, offenbar in der Absicht, ihre Anteile am Energiemarkt auch dann zu behaupten, wenn der Anteil des Erdöls an der Energieversorgung der Industriestaaten zugunsten der Kernenergie zurückgedrängt werden sollte, und im Bestreben, den Prozeß der Substitution von Erdöl durch Kernenergie selbst beeinflussen zu können. In der Bundesrepublik fand diese Konzentrationsbewegung 1969 ihren vorläufigen Abschluß mit der Zusammenlegung der Reaktorabteilungen von Siemens und AEG in der Kraftwerk-Union

(KWU) und ihr einstweiliges Ende mit der Übernahme der AEG-Anteile an der KWU durch Siemens im Herbst 1976.

Mit dem Ende der sechziger Jahre ging die unauffällige und gleichsam naturwüchsige Phase der Kernenergieentwicklung in der Bundesrepublik zu Ende. Neue Kernkraftwerksprojekte schossen wie Pilze aus dem Boden. Anfang 1972 waren 9 Reaktoren in Betrieb, 9 im Bau, 14 geplant und zahlreiche weitere im Gespräch. Gleichzeitig erhob sich gegen alle derartigen Pläne nahezu unvermittelt heftiger Widerstand. Seine Motive sind unterschiedlich. Zweifel an der Sicherheit der Kernkraftwerke spielten ebenso eine Rolle wie Bedenken gegen die Belastungen der Umwelt durch Kernreaktoren und gegen gigantische Industrieansiedlungsprojekte in ihrem Gefolge. Hinzu kam Mißtrauen angesichts der engen Verflechtung von Staat und Wirtschaft im atompolitischen Lenkungsapparat und der Undurchsichtigkeit seiner Entscheidungsprozesse. Diese speziellen Motive hingen wiederum mit den allgemeinen politischen und geistigen Veränderungen zusammen, die mit der sozialliberalen Wende und der Studentenbewegung am Ende der sechziger Jahre einhergingen, der Kritik an der derzeitigen Wirtschaftsordnung und an vorher nahezu selbstverständlichen Werten wie Wirtschaftswachstum und technischem Fortschritt sowie einer Rückbesinnung auf elementare menschliche Bedürfnisse, einem geschärften Wahrnehmungsvermögen für gesellschaftliche Zusammenhänge, insbesondere für die gesellschaftliche Rolle und Verantwortung der Wissenschaft, und schließlich einem qualitativ neuen Bewußtsein der Verantwortung für die natürliche Umwelt.

Einen Teilerfolg konnte die Protestbewegung verbuchen, als 1971 der atompolitische Lenkungsapparat reorganisiert wurde. Die Atomkommission wurde jetzt aufgelöst und durch Fachausschüsse mit begrenzten Aufgaben, durch Sachverständigenkreise und Ad-hoc-Ausschüsse für die Beratung einzelner Probleme ersetzt. Die Mitgliedschaft in diesen Beratungsgremien ist zeitlich begrenzt, ihre Zusammensetzung, ihre Aufträge und ihre Stellungnahmen, einschließlich der Minderheitsvoten, werden veröffentlicht. Gleichzeitig vergrößerte das Ministerium seinen eigenen Personalbestand, insbesondere um technische und naturwissenschaftliche Experten; hierdurch machte es sich unabhängiger vom Urteil externer Berater. Dasselbe Ziel verfolgte der Bundestag mit der Veranstaltung öffentlicher Anhörungsverfahren.

In seinen Planungen aber beharrte der Staat auf der Linie, die er zuvor verfolgt hatte. Das Energieprogramm, das die Bundesregierung 1973 verabschiedete, sah eine Erhöhung der Kernkraftwerkskapazität von derzeit 2400 auf 40–50000 MW im Jahre 1985 und eine Steigerung des Anteils der Kernenergie am Primärenergiebedarf von derzeit 3,1 auf 15 % und an der Elektrizitätsversorgung von rd. 6 auf 40 % vor. Die Ölkrise vom Winter 1973/74 bestärkte derartige Tendenzen. Jetzt erschien die Kernenergie weithin als einziger Ausweg aus den drohenden Energiesorgen.

Doch der Stimmungsumschwung zugunsten der Kernenergie hielt nur vorübergehend an. Schon zwei Jahre später fand der Widerstand gegen Kernkraftwerke in Wyhl größere Resonanz als je zuvor. Viele Politiker und Industrielle reagierten mit der stereotypen Behauptung, daß ohne Kernenergie in absehbarer Zeit in der Bundesrepublik die Lichter ausgehen würden und Arbeitsplätze gefährdet wären. Alternativen zur Kernenergie wurden als Tagträumerei und Utopie abgetan, Demonstranten oft pauschal als Radikale, Kommunisten oder Anarchisten verdächtigt. Auf der Seite der Kernkraftgegner förderte diese Reaktion in Verbindung mit der evident werdenden Unrichtigkeit früherer entscheidungsrelevanter Energieprognosen, ferner mit Ungeschicklichkeiten und Rechtsverkürzungen im atomrechtlichen Genehmigungsverfahren, insbesondere der Nacht-und-Nebel-Aktion zum sofortigen Vollzug der ersten Teilerrichtungsgenehmigung für das Kernkraftwerk Brokdorf im November 1976, die Solidarisierung in Bürgerinitiativen. Zugleich trug sie dazu bei, unter den Gegnern der Kernenergie die Glaubwürdigkeit von deren Befürwortern und die Legitimation ihrer politischen Förderer nachhaltig zu erschüttern. Eine rationale, von politischen Unterstellungen und persönlichen Verdächtigungen freie Diskussion zwischen beiden Lagern wurde nahezu unmöglich.

Erst nach dem Bundestagswahlkampf vom Herbst 1976 wurden die Argumente der Kernkraftgegner auf politischer Ebene ernster genommen, und es zeichnete sich eine Versachlichung der Auseinandersetzung ab. Von den Parteien nahmen wenigstens SPD und FDP die Energiediskussion in der erforderlichen Breite auf. Der Bundestag hat sich ebenfalls in stärkerem Maße als vorher mit der Kernenergiefrage beschäftigt. Die Bundesregierung machte die Genehmigung neuer Kernkraftwerke von der Lösung der Entsorgungsprobleme abhängig und entschied sich damit faktisch für eine Pause im Kernkraftwerksbau. Auch in den Gewerkschaften bahnte sich eine differenziertere Stellungnahme zur Kernenergie an. Einzelne Verwaltungsgerichte richteten ihre Entscheidungen mehr an einem extensiv interpretierten Sicherheitsinteresse der Bevölkerung als an zweifelhaften Energiebedarfsprognosen aus oder bezweifelten die Legitimationsgrundlagen des bisherigen atomrechtlichen Genehmigungsverfahrens.

Ein Jahr später jedoch wurde diese Entwicklung rückläufig. Unter dem Eindruck chronischer wirtschaftlicher Wachstumsschwierigkeiten und stagnierender Arbeitslosenzahlen gewann die Behauptung vom Zusammenhang zwischen forciertem Kernkraftwerksbau, Wirtschaftswachstum und Arbeitsplatzsicherheit in Regierung, Parteien und Gewerkschaften wieder die Oberhand und drängte die Bedenken gegen die Errichtung neuer Kernkraftwerke zurück. Gleichzeitig machte der Kampf gegen den Terrorismus das Nachgeben gegenüber Forderungen protestierender und vereinzelt zur Gewalttätigkeit neigender Kernkraftgegner politisch wenig opportun. Einstweilen ist daher eine erneute Zunahme des Kernkraftwerkbaus und damit auch der Auseinandersetzungen um die Kernenergie wahrscheinlich.

Indessen ist schon jetzt unverkennbar, daß die friedliche Kernenergienutzung bereits eine Reihe bedenklicher innenpolitischer Folgen hervorgerufen hat, obwohl sie erst einen unbedeutenden Teil der westdeutschen Energieversorgung deckt. Die Demonstrationen von Wyhl und Brokdorf haben die Bundesrepublik auf ihre bis dahin schwerste innenpolitische Belastungsprobe gestellt. Nie zuvor hat es in der Geschichte der Bundesrepublik derart massierte Polizeiaufgebote gegeben wie hier, und nie zuvor ist der Ruf nicht nur nach einer Vergrößerung und einer stärkeren Bewaffnung der Polizeikräfte, sondern auch nach einer Einschränkung des Demonstrationsrechtes so laut erhoben worden wie aus diesen und ähnlichen Anlässen in Grohnde und Kalkar. Der Fall Traube hat in beklemmender Weise gezeigt, welche Ausmaße schon jetzt die geheimdienstliche Überwachung eines einzelnen annehmen kann, der in den Verdacht geraten ist, ein nukleares Sicherheitsrisiko darzustellen. Er hat zugleich eine Vorstellung davon vermittelt, welche Überwachungsmaßnahmen wahrscheinlich unumgänglich werden, um zu verhindern, daß Nuklearexperten ihr Wissen und ihre technische Funktion für terroristische Zwecke tatsächlich mißbrauchen können. Mehrfach und nicht ohne Erfolg haben die mächtigen Befürworter der Kernenergie in den letzten Jahren kritische Sendungen über den Bau von Kernkraftwerken und deren Implikationen zu verhindern gesucht. Es entzieht sich öffentlichen Einblicken, ob ihre massiven Angriffe auf manche Rundfunk- und Fernsehanstalten darüber hinaus Neigungen zur journalistischen Selbstzensur gestärkt und hierdurch zu einer dauernden Minderung der Informations- und Meinungsfreiheit beigetragen haben. Einzelne Betriebe, die an der Nutzung der Kernenergie interessiert sind, haben Betriebsangehörige entlassen, nur weil sie von ihrem Grundrecht Gebrauch gemacht haben, gegen den Bau von Kernkraftwerken zu demonstrieren. Möglicherweise entsteht eine neue Art von »Tendenzbetrieben«, die das Betriebsverfassungsgesetz nicht kennt. Sogar die größte deutsche Einzelgewerkschaft, die IG Metall, hat eines ihrer ehemals führenden Mitglieder wegen Kritik an der gewerkschaftlichen Haltung in der Kernenergiefrage mit Ausschluß bedroht und sich in diesem Zusammenhang selbst als »Tendenzbetrieb« bezeichnet.[5] Deshalb muß es als fraglich gelten, daß von dieser Seite einer derartigen Aushöhlung verbriefter Rechte Einhalt geboten wird. In jedem dieser Fälle ist ein Stück Freiheit bedroht oder bereits beseitigt worden. Entstehung, Wachstum und Politisierung der Bürgerinitiativen schließlich sind ein deutliches Signal dafür, daß sich wachsende Teile der Bevölkerung von den politischen Parteien in Fragen von vitalem Interesse nicht mehr hinreichend vertreten fühlen. Auf längere Sicht könnten sich hieraus eine tiefgreifende Veränderung des gegenwärtigen Parteiensystems und eine bedrohliche Legitimationskrise der politischen Ordnung der Bundesrepublik entwickeln.

Besorgte Beobachter haben aus derartigen Begebenheiten und Perspektiven die Orwellsche Schreckensvision einer »Plutoniumgesellschaft« abgeleitet, in der die Mehrheit der Bevölkerung dank hochgezüchteter Technik zwar in materiellem Wohlstand lebt, aber in völliger Unfreiheit und Unmündigkeit, regiert von einer kleinen Gruppe, die die politische und wirtschaftliche Macht in der Hand hält, die Massenmedien beherrscht und das Volk mit allgegenwärtigen und allmächtigen Geheimdiensten kontrolliert. Gewiß wäre es abwegig, den Befürwortern der Kernenergienutzung zu unterstellen, sie verfolgten derartige Absichten und hätten gar seit Mitte der fünfziger Jahre auf ihre Durchsetzung hingearbeitet. Andererseits wäre es unverantwortlich, die Berechtigung solcher Befürchtungen zu leugnen. Denn tatsächlich hat die bisherige Geschichte der friedlichen Nutzung der Kernenergie eine Reihe von politischen Problemen aufgeworfen, die bisher ebensowenig gelöst sind wie zahlreiche technische, ökologische, militärische, wirtschaftliche und außenpolitische Fragen, die mit der Kernenergienutzung zusammenhängen. Offen ist, wie sichergestellt werden kann, daß das Parlament nicht auf die Dauer zu einem hilflosen Erfüllungsgehilfen von Experten und Interessengruppen degradiert wird, sondern wirkliche Entscheidungsfreiheit bewahrt. Offen ist, wie die Errichtung von Kernkraftwerken durchgesetzt und ihr Betrieb gesichert werden kann, ohne daß die hierzu erforderlichen Vorkehrungen sich zu einer Bedrohung von Freiheitsräumen auswachsen. Offen ist, ob und wie man sich die Option für Kursänderungen in der Energiepolitik erhalten kann, wenn man sich für eine technische Möglichkeit entschieden hat, deren Realisierung so viel Geld kostet, daß die Erforschung von Alternativen kaum mehr finanziert werden kann, und die ökonomische und soziale Fakten von solchen Dimensionen schafft, daß eine Kursänderung tiefgreifende Auswirkungen für das Wirtschafts- und Beschäftigungssystem hätte. Offen ist darüber hinaus die allgemeinere Frage, die etwa in der Biologie, der Medizin, im Verkehrswesen und in der Datenverarbeitung ebenfalls akut wird, ob und wie die direkten und indirekten Auswirkungen neuer wissenschaftlich-technischer Möglichkeiten ermittelt werden können, bevor man sich für deren Realisierung entscheidet. Offen ist schließlich, ob und wie komplexe wissenschaftlich-technische Probleme auf breiter Basis auch für Laien verständlich und entscheidbar gemacht werden können.

Von der Lösung dieser Fragen wird es abhängen, ob die zivile Kernenergienutzung tatsächlich näher zu dem Ziel führen wird, um dessentwillen sie in den fünfziger Jahren in der Bundesrepublik begonnen und mit dem sie seither immer wieder begründet wurde, nämlich zur Sicherung eines freiheitlich demokratisch verfaßten und gesellschaftlich stabilen Gemeinwesens, oder ob sie schrittweise in die entgegengesetzte Richtung führt.

Anmerkungen

1 Robert Gerwin in: »Rheinischer Merkur« Nr. 36 vom 2. 9. 1955.
2 Atomplan der SPD, erarbeitet vom Ausschuß für Fragen der Atomenergie beim Vorstand der SPD, angenommen vom SPD-Parteitag 1957, abgedruckt in: Protokoll der Verhandlungen des Parteitages der Sozialdemokratischen Partei Deutschlands vom 10.–14. 7. 1956 in München, S. 357.
3 Zit. bei Jürgen Peter Pesch, Staatliche Forschungs- und Entwicklungspolitik im Spannungsfeld zwischen Regierung, Parlament und privaten Experten, untersucht am Beispiel der deutschen Atompolitik, Diss. iur. Freiburg 1975, S. 74.
4 Der SPD-Bundestagsabgeordnete Kalbitzer in der Bundestagssitzung vom 10. 4. 1962; zit. ebda., S. 86.
5 Mitgeteilt in der ARD-Sendung »Report« vom 2. 5. 1977.

Energiepolitik im Wirtschaftswachstum *

Andreas Schuke

Zwei Themen beherrschen die öffentliche Diskussion gegenwärtig in besonderem Maß: das Problem der Arbeitslosigkeit und die Frage der Energieversorgung. In diesem Zusammenhang wird häufig die These vertreten, ein wachsendes und preisgünstiges Angebot an Energie sei eine unabdingbare Voraussetzung für Wirtschaftswachstum und Vollbeschäftigung und damit für die Steigerung des erreichten Lebensstandards. Mit der Drohung, 1985 gingen die Lichter aus, wenn das Programm zum Ausbau der Kernenergie nicht zügig verwirklicht werde, wird offenbar versucht, die tief verwurzelte Angst der Bürger vor der Atomenergie durch einen unterschwelligen Appell an das Wohlstandsmotiv zu neutralisieren. Ist diese Alternative richtig gestellt? Die These über den Zusammenhang von Energieverbrauch, Wirtschaftswachstum und Vollbeschäftigung geht implizit von zwei Annahmen aus:

Die erste Annahme lautet: Ein hoher Beschäftigungsstand kann nur durch ausreichende Wirtschaftswachstumsraten erreicht und gehalten werden. Ein hoher Beschäftigungsstand oder Vollbeschäftigung gilt dann als realisiert, wenn alle, die zu den vorzufindenden Löhnen und Arbeitsbedingungen eine Arbeit suchen, die Chance haben, einen Arbeitsplatz zu finden.

Die zweite Annahme lautet: Wirtschaftswachstum erfordert einen ebenfalls wachsenden Einsatz von Energie. Dabei unterstellt man für die hochindustrialisierte Volkswirtschaft der Bundesrepublik Deutschland derzeit eine »Energieelastizität« des Sozialprodukts von ca. 0,7. Diese Elastizität ist definiert als das Verhältnis der Wachstumsrate des Bruttosozialprodukts und der dafür erforderlichen Wachstumsrate des Energieverbrauchs. Für ein einprozentiges Wirtschaftswachstum wird bei uns also etwa 0,7 % zusätzliche Energie als notwendig angenommen.

* Dieser und der folgende wirtschaftswissenschaftliche Beitrag gingen aus einer gemeinsamen Arbeit von H.-J. Luhmann und A. Schuke hervor.

Diese traditionelle wirtschaftliche Argumentation wird oft vereinfacht auf die These zugespitzt, ein bestimmtes Energieangebot sei nötig, um einen hohen Beschäftigungsstand zu erreichen und zu halten. Diese These leuchtet genau soviel oder genau so wenig ein wie die gegenteilige Behauptung, Energie vernichte Arbeitsplätze. Historisch kann man die Entfaltung der industriellen Produktivkräfte als einen Prozeß interpretieren, in dem menschliche Arbeitskraft und animalische Energie durch Maschinen ersetzt wurden, die mit fossilen Energieträgern angetrieben wurden. Während der ersten Hälfte des 19. Jahrhunderts waren es die Primärenergieträger Holz und Kohle, mit denen die Dampfmaschine – Wahrzeichen der ersten industriellen Revolution – befeuert wurde. Nach der Erfindung des Elektromotors wurde unter Verwendung derselben Primärenergieträger Strom erzeugt, der nun noch vielseitiger zur Mechanisierung industrieller Produktionsprozesse eingesetzt werden konnte.

Gegenwärtig, im letzten Drittel des 20. Jahrhunderts, befinden wir uns inmitten einer zweiten industriellen Revolution: der von der elektronischen Datenverarbeitung ermöglichten Automatisierung von Produktions- und Verwaltungsvorgängen. Der Ersetzung der physischen Arbeitskraft des Menschen folgt nun in einem beträchtlichen Umfang die Übernahme von bisher dem Menschen vorbehaltenen dispositiven, steuernden und überwachenden Tätigkeiten durch Maschinen. Statistische Untersuchungen bestätigen die Vermutung, daß Maschinen, die mit Energie betrieben werden, Arbeitsplätze beseitigt haben. Dies schlägt sich in dem Befund nieder, daß in Industriebranchen, in denen der Energieverbrauch pro Produkteinheit gestiegen ist, die für die gleiche Produkteinheit eingesetzte Menge Arbeit abgenommen hat. Dadurch ist allerdings noch nichts über das Verhältnis der ausgetauschten Mengen von Arbeit und Energie ausgesagt. Gerade die jüngste, unter Einsatz von elektronischer Datenverarbeitung vorangetriebene Rationalisierungswelle zeichnet sich dadurch aus, daß viele Arbeitsplätze durch Maschinen ersetzt wurden, die nur geringe Mengen Energie benötigen. Dies spricht, ebenso wie der Wandel in der Industriestruktur vom relativ energieintensiven produzierenden Sektor zum weniger energieintensiven tertiären Sektor, dafür, daß sich die langfristig zu beobachtende Tendenz zur Senkung des Energieverbrauchs pro Einheit des Sozialprodukts fortsetzen wird. Der Zusammenhang zwischen Wirtschaftswachstum und Energieverbrauch wird auf diese Weise gelockert, die Energieelastizität des Sozialprodukts sinkt.

Der Einsatz von Energie in der industriellen Produktion hat jedoch nicht nur viele Arbeitskräfte überflüssig gemacht, sondern zugleich in einem ungeheuren Umfang dazu beigetragen, die menschliche Arbeit produktiver zu machen, die Arbeitsproduktivität, d. h. das Produktionsergebnis pro Beschäftigten, zu erhöhen. Diese Erhöhung der Arbeitsproduktivität war die Grundlage für die Erhöhung der Realeinkommen breiter Bevölkerungsschichten. Damit wuchs auch die kaufkräftige Nachfrage, die Märkte expandierten, und es lohnte sich für die Unternehmer, ihre Produktionskapazitäten auszuweiten und neue Arbeitskräfte einzustellen.

Damit gelangen wir zu einer ersten, groben Klärung der landläufigen Vorstellungen über den Zusammenhang von Energieverbrauch, Wirtschaftswachstum und Beschäftigungsstand. Durch den Einsatz von Maschinen und Energie wird die Arbeitsproduktivität erhöht. Die durch Rationalisierungen der industriellen Produktion freigesetzten Arbeitskräfte bleiben nach allgemeiner Vorstellung nur dann im Produktions- und Einkommenskreislauf, wenn zusätzliche Produktionskapazitäten und damit auch neue Arbeitsplätze geschaffen werden. Diesen Prozeß der Ausweitung des volkswirtschaftlichen Produktionspotentials nennt man »Wirtschaftswachstum«. Auch für die im Zuge von Erweiterungsinvestitionen geschaffenen Produktionsanlagen wird Energie benötigt. Aus diesen Zusammenhängen wurde für die gesamte Volkswirtschaft die Faustregel abgeleitet, daß nicht nur das Bruttosozialprodukt und die Arbeitsproduktivität, sondern auch der Energieverbrauch um annähernd denselben Prozentsatz wachsen müsse, um bei gleichbleibender Zahl von Beschäftigungswilligen und Arbeitsstunden pro Periode einen bestimmten Beschäftigungsstand zu halten.

Diese Faustregel ist durch die Statistiken der letzten 25 Jahre für die Bundesrepublik Deutschland recht gut bestätigt. Aus dieser Faustregel aber den Schluß abzuleiten, daß Arbeitslosigkeit nur durch einen stetigen und gleichschrittigen Zuwachs des Sozialprodukts und des Energieverbrauchs zu vermeiden sei, wäre angesichts der bereits erwähnten Tendenz zur Senkung des Werts der Energieelastizität des Sozialprodukts falsch. Sofern allerdings durch eine Erhöhung der gesamtwirtschaftlichen Arbeitsproduktivität Arbeitsplätze verloren gehen, bedarf es unter sonst gleichen Bedingungen in der Tat eines Wirtschaftswachstums, das neue Arbeitsplätze schafft. Sobald die für die Vollbeschäftigung nötigen Erweiterungsinvestitionen ausbleiben, kommt es zu Beschäftigungseinbußen. In den letzten Jahren haben die Unternehmer den Löwenanteil des Investitionsvolumens für Rationalisierungen verwendet. Dadurch wurden, auch unter Einrechnung der durch die Schaffung produktiver Umwege bewirkten Strukturverschiebungen, Arbeitsplätze vernichtet. Obwohl der Kapitalstock der westdeutschen Wirtschaft, also der Wert der Maschinen und Produktionsanlagen, auch während der Rezession in den Jahren 1974 und 1975 noch zugenommen hat, ist die Anzahl der Arbeitsplätze durch die gleichzeitig vorangetriebene Erhöhung der Kapitalintensität der Produktionsprozesse gesunken. Der Verlust an Arbeitsplätzen in den Jahren 1973 und 1976 wird auf 800000 geschätzt.

Wie kommt es, daß immer weniger Menschen immer mehr produzieren? Weshalb wird die Arbeitsproduktivität ständig erhöht? Vielfach wird argumentiert, daß angesichts des im internationalen Vergleich hohen Lohnniveaus in der Bundesrepublik Deutschland die Wettbewerbsfähigkeit deutscher Güter auf den Weltmärkten nur durch stetige Produktivitätserhöhungen erhalten bleiben könne. Ein reichliches und preisgünstiges Angebot an Energie sei deshalb nötig, um den Spielraum weiterer Produktivitätsfortschritte nicht einzuengen. Als rohstoffarmes Land ist die Bundesrepublik in der Tat auf einen hohen Exportanteil angewiesen, um die notwendigen Rohstoff- und Energieimporte finanzieren zu können. Darüber hinaus sind Konjunktur und Wachstum der Wirtschaft in bedeutendem Umfang von den Nachfrageimpulsen des Exports abhängig. Auch wenn die Notwendigkeit eines starken Exports für ein hochindustrialisiertes und in die weltwirtschaftliche Arbeitsteilung eingebundenes Land wie die BRD anerkannt wird, darf nicht übersehen werden, daß die internationale Konkurrenzfähigkeit der westdeutschen Wirtschaft weniger von den Energiepreisen als vom Lohnniveau beeinflußt wird. Die Aufwendungen für Energie belaufen sich nämlich nur auf etwa 5 % der Gesamtkosten der industriellen Produktion.

Das Motiv der Unternehmer zur Erhöhung der Arbeitsproduktivität ist Kostenminimierung. Die Entwicklung der Arbeitsproduktivität und das Ausmaß, in dem Rationalisierungsinvestitionen vorgenommen werden, wird also im wesentlichen von den Erwartungen hinsichtlich der Entwicklung der Lohnkosten gesteuert. Da die Unternehmer nach wie vor davon ausgehen, daß die Lohnkosten etwa doppelt so schnell steigen werden wie die Kosten für Kapital und Energie, ist es nicht verwunderlich, wenn sich der Trend zur Erhöhung der Arbeitsproduktivität fortsetzt. Dieser Trend kann nur durch eine Änderung der Erwartungen über die Entwicklung der Kostenverhältnisse von Arbeit, Kapitalgütern und Energie in seiner Richtung geändert werden.

Dieses ist eine Alternative zur Politik der Vollbeschäftigung durch Wirtschaftswachstum. Die zweite Alternative bestünde darin, die vorhandene Menge Arbeit gleichmäßiger auf alle Beschäftigung suchenden Personen zu verteilen. Diskutiert werden in diesem Zusammenhang Verkürzungen der wöchentlichen Arbeitszeit, der Lebensarbeitszeit durch Vorverlegung des Rentenalters und ähnliches. Ohne auf die Probleme dieser Alternativen zur Beseitigung von Arbeitslosigkeit eingehen zu können, bleibt jedoch festzuhalten, daß Arbeitslosigkeit und Energieversorgung als zwei grundsätzlich verschiedene Probleme behandelt werden müssen. Diese von der Sache notwendige Unterscheidung wird in den öffentlichen Diskussionen vielfach verwischt. Energie wird nach herrschender Auffassung in zweierlei Hinsicht für das Wirtschaftswachstum benötigt: Energie als Produktionsfaktor und die Energiewirtschaft als ein Träger von Wirtschaftswachstum. Wie bereits erwähnt, wird zusätzliche Energie nur dann als Produktionsfaktor gebraucht, wenn kapital- und energieintensiver produziert wird und wenn mehr produziert wird, weil eine Zunahme der Nachfrage erwartet wird. Daß derzeit in der Bundesrepublik zu wenig in die Erweiterung des volkswirtschaftlichen Produktionspotentials investiert wird, hat

– es sei noch einmal betont – mit einem Mangel an Energie nichts zu tun. Die gegenwärtige Arbeitslosigkeit ist auf ganz verschiedene Ursachen zurückzuführen. Zu nennen wären weltwirtschaftliche Strukturverschiebungen, die zu Schrumpfungen von arbeits- und lohnintensiven Branchen geführt haben, konjunkturelle Schwäche und das Heranwachsen geburtenstarker Jahrgänge, die auf den Arbeitsmarkt drängen.

Nicht zuletzt jedoch entspringt das Beschäftigungsproblem einer Kollision unserer auf Wachstum eingeschworenen Wirtschaft mit sichtbar gewordenen Schwierigkeiten im wirtschaftlichen Wachstumsprozeß. Unsere Konsumgesellschaft ist gleichsam »auf Wachstum programmiert«, wie es der Schweizer Ökonom Emil Küng ausgedrückt hat. Alle gesellschaftlichen Gruppen haben sich daran gewöhnt, daß ihre Realeinkommen von Periode zu Periode steigen. So lassen sich die gegeneinander gerichteten Ansprüche der sozialen Gruppen an das Sozialprodukt durch wachsende Entschädigungen befriedigen. Wirtschaftswachstum hat sich in der Vergangenheit als der praktikabelste soziale Konfliktregelungsmechanismus erwiesen. Im Jahresgutachten 1975 des Sachverständigenrates heißt es dazu erläuternd: »Man muß auch die Bedeutung wirtschaftlichen Wachstums sehen, die darin liegt, daß es die Konfrontation im Verteilungskampf mildert: was gleichsam der Natur abgerungen werden kann, braucht nicht anderen weggenommen zu werden.« (Jahresgutachten des Sachverständigenrates zur Begutachtung der gesamtwirtschaftlichen Entwicklung 1975, Tz. 283.)

Im Licht dieser Bemerkung versteht man, daß die Energiewirtschaft primär als Träger für wirtschaftliches Wachstum angesehen wird. Zweifellos hatten und haben die Befürworter der Kernenergie die Hoffnung, daß sich der kerntechnische Anlagenbau zu einem technologisch führenden Industriezweig entwickeln könnte, von dem dann bedeutende ökonomische Wachstumsimpulse und Multiplikatoreffekte ausgehen würden. Dabei dürfen allerdings keinesfalls die ökologischen Neben- und Spätfolgen vernachlässigt werden, die man als Kosten einer auf Maximierung des kurzfristigen ökonomischen Nutzens zielenden Politik in Kauf zu nehmen hat, wie es derzeit weitgehend geschieht. Der Kernenergieausbau würde das Wirtschaftswachstum statistisch anheben, ohne jedoch die Energiedienstleistung, d. h. die tatsächliche Leistung, die der Verbraucher aus der Nutzung von Energie zieht, im gleichen Umfang zu erhöhen, denn der Gesamtwirkungsgrad des Energiesystems sinkt bei einer Erhöhung des Stromanteils. Insofern bleibt neben allen ökologischen Bedenken auch der ökonomisch begründete Zweifel, ob Investitionen in den Ausbau des Energieangebotssystems wirklich notwendig sind, weil nur dadurch ein unzweifelhafter Bedarf befriedigt werden könne.

Es gibt nämlich insofern Substitutionsmöglichkeiten, als der steigende Bedarf des Verbrauchers an Energiedienstleistungen auch durch eine verbesserte Ausnutzung der Endenergie befriedigt werden kann. Eine mögliche Alternative zum forcierten Ausbau der Energieangebotskapazitäten bestünde in einem gewissen Umfang in verstärkten Investitionen zur Energieeinsparung. Auch durch Gebäudeisolation, Ausbau von Wärme-Kraft-Koppelung und Fernwärmenetzen sowie Wärmepumpen und Solaranlagen werden Arbeitsplätze geschaffen und unterhalten, größtenteils sogar in denselben Branchen, die im Kraftwerksbau beschäftigt sind. Der Zusammenhang zwischen Wirtschaftswachstum, Lebensstandard und Energieeinsatz kann in dem Maße entkoppelt werden, wie die technisch vorhandenen Spielräume politisch und ökonomisch genutzt werden.

Energie und Arbeitsplätze *

Hans-Jochen Luhmann

In die öffentliche wirtschaftspolitische Diskussion hat sich neuerdings ein Argument eingeschlichen, das wie eine Münze zwei Seiten hat und auch so universal verwendbar wie ein Geldstück ist. Es ist Mode geworden, bei öffentlich rechtfertigungsbedürftigen Handlungen immer nur die eine Seite der Münze hervorzukehren und die andere zu verstecken. Kosten und Aufwandssteigerungen insbesondere auch öffentlicher Unternehmen ziehen uns weiterhin das Geld aus der Tasche, werden neuerdings aber mit dem Hinweis gerechtfertigt, erhöhter Aufwand schaffe Arbeitsplätze. Auch Begehrlichkeit läßt sich hinter dem Ehrentitel »Arbeitsplatzbeschaffung« verstecken. So werden z. B. erhöhte Lohnforderungen mit dem Hinweis gerechtfertigt, höhere Löhne bedeuteten höhere Nachfrage und schafften auf diese Weise Arbeitsplätze.

In dieses Gestrüpp einer vielfältig interessengebundenen Diskussion mußte auch die Energiepolitik geraten. Im Herbst 1976 wurde eine Studie publik gemacht, nach der der Bau eines Kernkraftwerks 39000 Arbeitsplätze schaffe. Kurze Zeit danach hieß es, der Bau eines Kohlekraftwerks schaffe gar 40000 Arbeitsplätze und beschäftige zusätzlich mit der Bereitstellung der nötigen Kohle 11000 Menschen pro Jahr. Es konnte nicht ausbleiben, daß nun auch der Beschäftigungseffekt einer energiesparenden Energiepolitik in den Vordergrund gestellt wird. Dabei käme es allerdings zunächst darauf an, die Voraussetzungen festzulegen, unter denen man nach dem Beschäftigungseffekt energiepolitischer Maßnahmen überhaupt sinnvoll fragen kann.

Erhöhte Beschäftigung und erhöhter Aufwand sind, wie gesagt, die Kehrseiten derselben Medaille. Das soll an einem einfachen Beispiel erläutert werden. Als »Arbeitsbeschaffungsmaß-

* Dieser und der vorstehende Beitrag gingen aus einer gemeinsamen Arbeit von H.-J. Luhmann und A. Schuke hervor.

nahme« stellt die öffentliche Hand zusätzliche Gärtner zur Pflege öffentlicher Grünanlagen ein – eine, wie es scheint, unzweifelhaft Arbeitsplätze schaffende Maßnahme, die zudem einen ebenso unzweifelhaften Bedarf befriedigt. Doch diese Maßnahme muß finanziert werden, z. B. durch eine Steuer oder eine Anleihe auf dem Kapitalmarkt. Der Staat muß also in dem Maße, wie die neuen Arbeitsplätze Kosten verursachen, bei den Bürgern Kaufkraft, d. h. Nachfrage, abschöpfen bzw. auf dem Kapitalmarkt in Wettbewerb zu anderen Arten von Kapitalverwendung treten. Die Effekte von Steuererhöhungen oder zusätzlicher Mittelaufnahme am Kapitalmarkt sind selbstverständlich nur marginal und deshalb in ihrer Auswirkung nicht im einzelnen zu überschauen. Im »Gleichgewicht« aber entspricht möglicherweise die abgeschöpfte Kaufkraft gerade den Kosten der Arbeitsbeschaffungsmaßnahme. Der Nachfrageausfall bei den Bürgern führt dann aber in dem Maße zu einem Rückgang der Beschäftigung, wie er durch die Arbeitsbeschaffungsmaßnahme gerade wieder ausgeglichen wird. Die gesamte Nachfrage und damit die gesamte Beschäftigung sind konstant geblieben, geändert hat sich lediglich die Aufteilung der Nachfrage auf Staat und Private. Die gutgemeinte Arbeitsbeschaffungsmaßnahme hat also nur scheinbar zu »zusätzlichen« Arbeitsplätzen geführt. Der Schein konnte entstehen, weil der positive Effekt deutlich vor Augen steht, der negative Effekt jedoch lediglich diffus als gesamtsystemarer Rückkoppelungseffekt eintritt und kaum wahrzunehmen ist. Man kann es auch so sagen: Beschäftigungseffekte erscheinen unter Abblendung negativer Rückkoppelungseffekte.

Die vorgetragene Sichtweise war die Sichtweise der theoretischen Ökonomie bis zu Keynes und ist ein üblicher Einwand der zu Keynes kritisch stehenden Richtung der heutigen Ökonomie. Das Keynesianische Ungleichgewichtsdenken ist heute so sehr ins allgemeine Bewußtsein übergegangen, daß wir uns kaum mehr zu wundern vermögen über die doch in gewisser Weise paradoxe Lehre, daß durch reine Umverteilung der Nachfrage ein positiver Beschäftigungseffekt zu erreichen sein soll.

Doch Keynes hat selbstverständlich nicht unrecht. Das geschilderte Paradox läßt sich in Ungleichgewichtsmodellen auflösen – und für kurzfristige Fragestellungen ist das eine angemessene Perspektive. Doch auch wenn man gleichgewichtig denkt, lassen sich durch »Umverteilung« Beschäftigungseffekte vorstellen. Um dies einsehen zu können, müssen wir unsere Perspektive wechseln und zusätzliche Unterscheidungen vornehmen.

Wir hatten bisher die zeitliche Differenzierung zwischen gestern, heute und morgen vernachlässigt und ein Beispiel gewählt, das diese Vernachlässigung vertrug. Der Gärtner tut fast rein gegenwärtige Arbeit. Er mäht heute den Rasen und in drei Wochen ist seine Arbeit wieder »verbraucht«, der Rasen muß schon wieder gemäht werden. Anderes bekommen wir in den Blick, wenn wir die zeitliche Differenzierung von Produktion und Nutzung einführen und die Langlebigkeit von gewissen Produkten bedenken. Langlebige Produkte nennt man auch Investitionen. Wir produzieren sie heute und genießen ihren Nutzen über einen längeren Zeitraum. Das Musterbeispiel einer Investition ist ein Haus. Wir erbauen es heute innerhalb von einem Jahr, haben aber 50 Jahre seinen Nutzen. Die Beschäftigung von Ressourcen, unter anderem von Arbeitskräften, fällt punktuell und konzentriert an: Viele Leute bauen in kurzer Zeit an einem Haus. Die Nutzung aber erstreckt sich über einen längeren Zeitraum und erreicht nur wenige.

Bedenkt man diesen temporalen Aspekt von Produktion und Nutzung, so ist es allerdings vorstellbar, durch reine Umverteilung »zusätzliche« Beschäftigung zu schaffen. Man kann nämlich *heute* mehr Beschäftigung schaffen zu Lasten *zukünftiger* Beschäftigung. Man kann »zusätzlich« investieren, d. h. die Produktion langlebiger Güter betreiben. Daß diese Investition *gegenwärtig* eine *zusätzliche* Nachfrage bedeutet, wird man dann behaupten können, wenn der »zeitliche Schwerpunkt« der zusätzlichen Investition näher zur Gegenwart liegt als der zeitliche Schwerpunkt derjenigen Ausgaben, die durch die Finanzierung dieser Investition verhindert werden. Verdeutlichen wir diesen Effekt an dem Beispiel der Alternative zwischen einem Kernkraftwerk und einem Steinkohlekraftwerk gleicher Leistung. Wir wollen zudem eine gewünschte Betriebsstundenzahl voraussetzen, bei der die produzierte Elektrizität aus beiden Anlagen gleichviel kostet, so daß der Investor, ein Energieversorgungsunternehmen, in seiner Entscheidung indifferent ist. Fällt die Entscheidung zu Gunsten des *Kernkraftwerks*, so wird in rund vier Jahren die Beschäftigungsmenge aufgebracht, deren Produkt dann während der Lebenszeit des Kraftwerks, also vielleicht in 25 Jahren, verzehrt wird. Die Beschäftigung, die das Kraftwerk während dieser Zeit erfordert, ist gering und kann hier vernachlässigt werden. Fast die gesamte Beschäftigung, die die Elektrizitätsbereitstellung aus diesem Kraftwerk für die nächsten 25 Jahre erfordert, ist also bereits mit der In-Betrieb-Setzung des Kraftwerks »vorgetan«.

Anders liegen die Verhältnisse bei einem *Steinkohlekraftwerk.* Der Kapitalaufwand und somit die vorgetane Arbeit zur Erstellung dieses Kraftwerks ist geringer. Ein durch den Zinssatz verzerrtes Maß für die Differenz der Menge der vorgetanen Arbeit ist die Differenz der Erstellungskosten der beiden Arten von Kraftwerken. Der geringere sofortige bzw. gegenwärtige Beschäftigungseffekt des Steinkohlekraftwerks wird tendenziell ausgeglichen durch die Beschäftigung, die durch die zum Betrieb des Kraftwerks notwendige Steinkohleförderung gegeben ist. Demgegenüber ist die laufende Beschäftigung zur Brennstoffbereitstellung für ein Kernkraftwerk gering und soll hier vernachlässigt werden. Der Bau und Betrieb eines Kernkraftwerks bedeuten also relativ zum Bau und Betrieb eines Steinkohlekraftwerks eine Verschiebung des zeitlichen Schwerpunkts der Beschäftigung in die Gegenwart. Zukünftige Arbeitsplätze im Bergbau werden substituiert gegen jetzige Arbeitsplätze in demjenigen Bereich des Kraftwerksbaus, der den spezifischen Mehraufwand eines Kernkraftwerks gegenüber einem Steinkohlekraftwerk produziert, d. h. in der Kernkraftwerksindustrie. Bei einem Zinssatz von Null, so kann man sich durch hier nicht vorgeführte Überlegungen klarmachen, wären die beiden Beschäftigungsmengen im Gleichgewicht genau gleich, bei einem positiven Zinssatz ist die gegenwärtige Beschäftigung aber geringer als die substituierte zukünftige.

Vor diesem Hintergrund diskutieren wir die Frage des Beschäftigungseffekts einer energiesparenden Politik.

Energiesparende Maßnahmen sind im allgemeinen Investitionen, die es erlauben, die gleiche Energiedienstleistung mit einem geringeren Energieaufwand zu erbringen. D. h. eine Energieeinsparung, so wollen wir es verstehen, liegt vor, wenn wir z. B. unser Haus so einrichten, daß wir trotz geringeren Energieträgerverbrauchs nicht frieren. Wenn wir bei geringerem Energieträgerverbrauch frieren müssen, so ist das nicht Energieeinsparung, sondern Energiemangel. Wenn wir die Beschäftigungseffekte von so verstandenen Energieeinsparungsmaßnahmen untersuchen, so sind damit von vornherein diejenigen Effekte ausgeschlossen, die dadurch entstehen, daß die für eine »eigentlich« gewünschte Produktions- und Konsumgüterstruktur erforderliche Energie nicht bereitgestellt wird.

Energiesparende Maßnahmen sind in den meisten Fällen Investitionen am Ort des Endverbrauchs. Wenden wir die vorangegangenen Überlegungen auf die Frage nach dem Beschäftigungseffekt dieser Maßnahmen an, so haben wir den »zeitlichen Schwerpunkt« der jeweiligen energiesparenden Investitionen mit dem des zu substituierenden Energieträgerverbrauchs zu vergleichen. Dabei wollen wir annehmen, daß die notwendigen Investitionen zur Lieferung der Energieträger, deren Einsparung wir bedenken, noch nicht erstellt sind, so daß noch eine echte Wahl besteht.

Im einzelnen ist der Vergleich der jeweiligen zeitlichen Schwerpunkte ein schwieriges Geschäft. Festhalten kann man, daß bei gleicher »Wirtschaftlichkeit« von energiesparender Investition und Energieträgerbezug die Abschreibungszeit der energiesparenden Investition im Vergleich zur durchschnittlichen Abschreibungszeit der zum Energieträgerbezug notwendigen Investition das entscheidende Kriterium für den Beschäftigungseffekt ist. Vergleicht man z. B. den Beschäftigungseffekt von wärmedämmenden Maßnahmen, für die gemeinhin eine Abschreibungszeit von 50 Jahren angenommen wird, mit dem Beschäftigungseffekt eines Kernkraftwerks, dessen Abschreibungszeit wir mit 25 Jahren ansetzen wollen, so müssen zur Erbringung derselben Leistung über 50 Jahre im Fall der wärmedämmenden Maßnahmen nur einmal, nämlich heute, die Beschäftigungsressourcen in Anspruch genommen werden; im Falle des Kernkraftwerks aber muß heute und noch einmal in 25 Jahren je ein Kraftwerk gebaut werden. Daraus ergibt sich, daß der Beschäftigungseffekt *heute* bei wärmedämmenden Maßnahmen etwa doppelt so hoch ist wie beim Kernkraftwerk, im allgemeinen also dem Verhältnis der durchschnittlichen Abschreibungszeiten gleich ist. Genau gilt dies allerdings wiederum nur bei einem Zinssatz von Null.

Auch ein umgekehrtes Beispiel kann man sich leicht vorstellen. Erübrigt sich z. B. ein Kraftwerk durch eine allgemeine Verbesserung unserer Kühlschränke, und setzen wir voraus, daß diese Geräte eine Lebensdauer von 12½ Jahren haben, so ist der Beschäftigungseffekt dieser energiesparenden Maßnahme nur halb so hoch wie der Bau eines Kernkraftwerks. Was folgt aber aus diesen Vergleichen?

Beschäftigungseffekte sind als Transfer von Beschäftigungsmöglichkeiten über die Zeit möglich. Man kann sich mehr oder weniger Beschäftigung von der Zukunft borgen. Doch wie man einen Wechsel nicht unendlich prolongieren kann, sondern ihn schließlich doch einlösen muß, so ist auch der beschäftigungspolitische Wechsel, den wir auf die Zukunft ziehen und dessen technische Möglichkeiten hier behandelt wurden, nicht unendlich zu prolongieren. Es fragt sich also, ob eine frühzeitige Vorlage dieses Wechsels, d. h. eine baldige institutionelle Lösung des Problems der Verteilung von Beschäftigungsmöglichkeiten, nicht dem exzessiven Ausnutzen aller Möglichkeiten, dieses Problem nur vor uns herzuschieben, vorzuziehen wäre. Wir könnten dann darauf verzichten, Probleme des Arbeitsmarktes als Probleme des Energiemarktes und umgekehrt zu behandeln, und das wäre die beste Lösung sowohl für den Arbeitsmarkt als auch für unsere Energieversorgung.

Spielräume von Politik und Wirtschaft für eine bessere Nutzung der Energie

Ernst-Joachim Mestmäcker

Die Spielräume der Energiepolitik scheinen im wesentlichen in der Vermeidung des Ernstfalles zu bestehen: des Ernstfalles der ausgehenden Lichter in der Energiekrise; des Ernstfalles der Zerstörung von Leben und Umwelt infolge unzureichend beherrschter Kernkrafttechnik; des Ernstfalles weltweiter Konflikte zwischen den Ländern der Dritten Welt, welche die wichtigsten Ölreserven kontrollieren, und den Industriestaaten, deren wirtschaftliche und militärische Stärke vom ungehinderten Zugang zu den Primärenergiequellen abhängt. Welche Art von Energiepolitik die verschiedenen Gefahren begründen sollen, läßt sich anhand der zu lösenden Konflikte jedoch nicht vorhersehen. Die Sicherheit der Energieversorgung durch den Bau von Kernkraftwerken fügt der Abhängigkeit der Bundesrepublik von Erdölimporten die Abhängigkeit von Uranlieferungen hinzu. Die politische Krisenanfälligkeit dieses Rohstoffes ist schon wegen der Verknüpfung mit der Verbreitung von Atomwaffen eher größer als bei Erdöl oder Erdgas. Der Schutz der Umwelt wird von Stromerzeugern zur Begründung für die weitere Steigerung des Stromverbrauches ins Feld geführt, weil er »saubere und sichere Energie« liefere. Und sie wird gegen eine Politik des nur quantitativen Wirtschaftswachstums gewendet, weil der zusätzliche Bau von Kohlekraftwerken die Umwelt über Gebühr belaste. An der Energiepolitik sollen sich die Entscheidungsfähigkeit der Regierung und die Integrationsfähigkeit des demokratischen Systems bewähren, ohne daß deutlich wird, über welche Entscheidungen ein Konsens hergestellt werden sollte. Jedenfalls scheint ein Zusammenhang zwischen Bürgerinitiativen, Demonstrationen und Ausschreitungen auf der einen Seite und der Ausgestaltung der Energiepolitik nicht zu bestehen. Energieversorgungsunternehmen, Bund, Länder, Gemeinden und Bürgerinitiativen pokern um den Standort von Steinkohlekraftwerken, Kernkraftwerken und Entsorgungsanlagen.

Bund und Länder werfen sich gegenseitig vor, Entscheidungen über den Bau von Kraftwerken zu verzögern, die für die Sicherung der Energieversorgung unerläßlich seien. Und der eher verwirrte Bürger wird von Regierung, Opposition und Professoreninitiativen aufgefordert, einsichtig zu sein und Vertrauen zu haben. Teile der Energiepolitik sind so hochgradig politisiert, daß sie sich als Staatsgeschäfte verselbständigen. Gerade daraus entsteht die Gefahr, daß die übrige Energiepolitik, der man diesen Rang nicht zubilligt, vernachlässigt wird. Das gilt etwa für die Frage nach den Bedingungen des Angebots von und der Nachfrage nach Energie. Und doch sind es nicht zuletzt Energiepreise, von denen die Entwicklung des Verbrauchs abhängt, der seinerseits die wichtigste Größe für die Investitionen und die Investitionsplanungen der Energieunternehmen ist. Ein wie mächtiges Instrument die Preise auch auf den Energiemärkten sind, haben die Ölpreiserhöhungen der letzten Jahre deutlich gemacht. Die geschätzten Wachstumsraten des Energieverbrauchs dienen als Begründung für die Eigengesetzlichkeit und Unausweichlichkeit der »großen« energiepolitischen Entscheidungen, die Wachstum und Vollbeschäftigung langfristig sichern sollen. In der Marktwirtschaft stimmen Marktpreise Angebot und Nachfrage aufeinander ab und liefern den Unternehmen die für ihre Entscheidung notwendigen Informationen. Voraussetzung für die Funktionsfähigkeit des Marktes ist aber der Wettbewerb. Auf den verschiedenen Märkten für Energie liegen diese Voraussetzungen nicht oder nur sehr unvollkommen vor. Sie fehlen nahezu vollständig bei denjenigen Unternehmen, bei denen das Angebot ihrer Produkte an Leitungen gebunden ist. Solche Leitungsmonopole kennzeichnen die Strom- und Gaswirtschaft. Die Möglichkeit des Verbrauchers, auf andere Energiearten auszuweichen, besteht nur bei ganz bestimmten Bedarfsarten, etwa bei dem Wärmebedarf. Aber selbst hier stehen einem solchen Wechsel wegen der Kosten der Umstellung einer Heizung z. B. von Kohle auf Öl, von Öl auf Gas oder von Öl auf Strom zusätzliche Hindernisse entgegen.

Weil die Unternehmen der Strom- und Gaswirtschaft in weiten Bereichen ihrer Tätigkeit vom Wettbewerb nicht oder nur unzulänglich kontrolliert werden, unterstehen sie einer besonderen Staatsaufsicht. Diese Aufsicht ist unerläßlich, um mögliche Gegensätze zwischen dem einzelwirtschaftlichen Interesse der Unternehmen und dem gesamtwirtschaftlichen Interesse zugunsten des öffentlichen Interesses zu lösen. Aber die Rechtsgrundlagen dieser Aufsicht bestehen aus einer Ansammlung von Provisorien und wirtschaftslenkenden Teilmaßnahmen. Zum überwiegenden Teil stammen sie aus den Zeiten der nationalsozialistischen Kriegs- und Wirtschaftsplanung. Grundlage der Preisaufsicht im Bereich der Elektrizitätswirtschaft ist bis heute die Preisstoppverordnung aus dem Jahre 1936. Selbst diese Preisaufsicht wird aber nur auf dem Gebiet des Haushaltsstroms gehandhabt. Stromlieferungen an sogenannte Sonderabnehmer, die den überwiegenden Teil aller Stromlieferungen ausmachen, sind dagegen aus der Preiskontrolle faktisch entlassen. Die Lükken des Energiewirtschaftsrechts sollen durch die besondere kartellrechtliche Mißbrauchsaufsicht geschlossen werden. Auch diese Aufsicht ist als Preisaufsicht indessen infolge schwer erfüllbarer Beweisanforderungen der Rechtsprechung seit Jahren von nur geringer Wirksamkeit. Der Unübersichtlichkeit der Rechtsgrundlagen entspricht die der Zuständigkeiten. Wie anachronistisch die nach Ländern geteilten Zuständigkeiten in der Fach- und Preisaufsicht sind, zeigt sich nirgends so deutlich wie bei den Standortentscheidungen für die Stromerzeugung. Angesichts einer weltweiten Energiekrise und mehr als zwanzigjährigem vergeblichen Bemühen der Europäischen Wirtschaftsgemeinschaft, zu einer europäischen Energiepolitik zu gelangen, fällt es schwer, an die Vorzüge des Föderalismus in der deutschen Energieaufsicht zu glauben. Die Vielfalt der öffentlichen Interessen an und im Energieunternehmen scheint den Weg zu politischen Entscheidungen im öffentlichen Interesse nicht zu erleichtern, sondern eher zu erschweren. Die Versuche, zu einer grundlegenden Neuordnung des Energiewirtschaftsrechts zu kommen, sind in früheren Legislaturperioden gescheitert. Inzwischen stimmt selbst die Bundesregierung mit der Energiewirtschaft darin überein, daß eine Reform nicht geboten sei. Offenbar haben sich alle Beteiligten so gut aufeinander eingerichtet, daß jegliche Änderungen als störend empfunden werden.

Bei der Diskussion um die Notwendigkeit des sparsamen und

vernünftigen Gebrauchs knapper Energien werden zahlreiche Instrumente angeboten: der Bau energiesparender Wohnungen, die Verwendung energiesparender Geräte, selbst die Bestrafung von Energieverschwendung. Auf taube Ohren stößt dagegen die Forderung, die z. Zt. praktizierten Stromtarife darauf zu überprüfen, ob sie mit den Erfordernissen sparsamen Energieverbrauchs übereinstimmen oder ob sie nicht im Gegenteil die Anforderungen an den Ausbau der Stromkapazität unaufhörlich nach oben schieben und damit zur Schaffung der Probleme beitragen, welche die Energiepolitik lösen soll. Diese Gefahr liegt wegen der technisch-ökonomischen Besonderheiten der Energiewirtschaft nahe. Zu ihnen zählen außer der Leitungsgebundenheit des Stromtransports die außerordentlich hohe Kapitalintensität der Investitionen sowie lange Planungszeiträume. Elektrische Energie kann unter wirtschaftlichen Bedingungen nur begrenzt und nur durch teure Umwandlung in andere Energiearten gespeichert werden. Deshalb ist die Erzeugung starr an den Verbrauch gekoppelt. Die Erzeugungskapazitäten müssen sich am Höchstverbrauch, an der sogenannten Spitzenlast, orientieren. Dies führt dazu, daß im zeitlichen Mittel etwa die Hälfte der Erzeugungsanlagen nicht ausgelastet ist. Durch eine Herabsetzung der Spitzenlast wären mithin gesamtwirtschaftlich ins Gewicht fallende Ersparnisse möglich. Wegen der hohen Kapitalintensität und der Reservehaltung für Spitzenlasten müssen die Energieversorgungsunternehmen jedoch daran interessiert sein, diese Anlagen so weit wie möglich auszulasten. Das ist aber nur möglich, wenn man den Mehrverbrauch von Strom entsprechend fördert und sich über die absetzbaren Mengen von Strom möglichst Gewißheit verschafft. Dieses Verhalten gerät in Widerspruch zu dem Ziel, möglichst sparsam mit Strom umzugehen.

Das Energiewirtschaftsrecht der nationalsozialistischen Zeit begünstigt den Ausbau zentraler Versorgungskapazitäten unter der Kontrolle der regionalen Großunternehmen der Stromerzeugungswirtschaft. Dieses System benachteiligt die dezentrale Erzeugung von Strom insbesondere durch die industrielle Kraftwirtschaft. Es handelt sich hierbei um einen Teil der Stromerzeugung, der auch seiner Größenordnung nach nicht vernachlässigt werden darf. Nahezu 25 % der deutschen Stromerzeugung entfallen auf diese industrielle Eigenerzeugung. Vor nicht langer Zeit betrug dieser Prozentsatz noch nahezu 40 %. Gewiß ist dieser Rückgang auch auf Veränderungen in der Technik der Stromerzeugung und auf die Notwendigkeit größerer Kraftwerksblöcke zurückzuführen. Aber die Behinderung der industriellen Eigenerzeugung hat nicht nur technische Ursachen. Ein Unternehmen, das Eigenstrom erzeugt, kann in der Regel keine Kapazitäten entwickeln, die ausreichen, um Reserven für Spitzenbelastungen bereitzustellen. Es ist deshalb abhängig von der Lieferung von Zusatzstrom. Darüber hinaus ist es auf die öffentlichen Versorgungsunternehmen zur Abgabe von Strom angewiesen, wenn es mehr Strom erzeugt, als es im eigenen Unternehmen verbrauchen kann. Das gleiche gilt, wenn es Strom an andere Teile des Unternehmens durch das öffentliche Netz durchleiten oder diesen Strom an andere Industrieunternehmen abgeben möchte, um einen Kapazitätsausgleich untereinander zu ermöglichen. Die Bedingungen, zu denen die Energieversorgungsunternehmen bereit sind, Zusatzstrom zu liefern, Überschußstrom abzunehmen oder durchzuleiten, können von ihnen frei festgesetzt werden. Denn für die Betreiber von Eigenanlagen gilt die allgemeine Anschluß- und Versorgungspflicht nicht. Das Gesetz macht diese Verpflichtung vielmehr davon abhängig, ob und inwieweit sie für das Energieversorgungsunternehmen zumutbar ist. Dadurch sind die Energieanbieter in der Lage, einen Preis zugrunde zu legen, der sich an dem niedrigsten Preis orientiert, der dem Abnehmer bei einer Alternativ-Versorgung zur Verfügung stünde. Dieses Prinzip des sogenannten anlegbaren Preises wird von Politik und Wirtschaft als Ausdruck marktwirtschaftlicher Preisbildung gebilligt. Die Möglichkeit, den Angebotspreis so zu bemessen, daß er sich daran orientiert, wie dringend der einzelne Abnehmer das Produkt benötigt, ist aber das genaue Gegenteil marktwirtschaftlicher Preisbildung. Diese Möglichkeit steht nur den Monopolen zur Verfügung. Die Ausweichmöglichkeiten der Abnehmer bestimmen sich im Falle der industriellen Kraftwirtschaft nach den Kosten der Produktion, den Preisen für die Abnahme von Überschußstrom und die Lieferung von Zusatzstrom. In ähnlicher Weise kann die Erzeugung von Eigenstrom durch die Gemeinden beeinflußt werden.

Die Energieversorgungsunternehmen haben es also in der Hand, die Bedingungen selbst zu bestimmen, von denen es abhängt, ob es wirtschaftlich ist, Eigenstrom zu erzeugen. Ihre Preispolitik orientiert sich an dem Ziel, den Absatz von Strom zu erhöhen. Dies wird in der Regel sogar als wichtigste positive Wirkung der genannten Preisdiskriminierungen angesehen. Positiv sind diese Wirkungen jedoch nur, wenn man sie als Instrumente zur Absatzförderung der Stromversorgungsunternehmen betrachtet. Die Absatzförderung treibt aber zugleich die Kapazitätsanforderungen bei den Energieversorgungsunternehmen nach oben. Im gleichen Maße, in dem es gelingt, dezentrale Stromversorgungen zu ermutigen und die Abnahmemengen zu senken, hat dies zwar einen kurzfristigen Absatzverlust bei den Energieversorgungsunternehmen zur Folge. Gleichzeitig sinkt aber die notwendige Versorgungskapazität im ganzen. Die sogenannte Kraftwärmekoppelung, d. h. die kombinierte Produktion von Strom und Wärme, hat auch kleinere Kraftwerkseinheiten rentabel gemacht. Diese Möglichkeit zur dezentralen Erzeugung von Energie hat den Vorteil, die Umwelt geringer zu belasten als Großanlagen und die Notwendigkeiten zum immer stärkeren Ausbau der zentralen Stromerzeugungskapazitäten herabzusetzen. Diese Entwicklungsmöglichkeiten sind zu wichtig, um sie den an ihrem Eigeninteresse orientierten Entscheidungen der Stromversorgungsunternehmen allein zu überlassen.

Ähnliche Zusammenhänge zwischen Strompreisen und Stromverbrauch zeigen sich bei der Tarifgestaltung für Sonderabnehmer und für Haushaltsstrom. Die gegenwärtige Tarifstruktur begünstigt den Mehrverbrauch von Strom. Gegen eine Veränderung dieser Tarifstruktur ist eingewendet worden, sie werde Arbeitnehmerhaushalte und Rentnerhaushalte benachteiligen. Das Argument ist wenig überzeugend, weil diese Haushalte sicher nicht durch einen Spitzenverbrauch von Strom gekennzeichnet sind, der den Zugang zu günstigeren Tarifklassen erst eröffnet. Generell führt die Prämierung des Mehrverbrauchs und die gleichmäßige Tarifstruktur unabhängig von Spitzenbelastungen dazu, daß im Ergebnis diejenigen Haushalte bestraft werden, die Energie sparen. Denn durch den Mehrverbrauch und durch die Spitzenbelastungen werden wiederum die Notwendigkeiten erhöht, Reservekapazitäten vorzuhalten. Diese Kosten der Kapazitätserhöhung schlagen aber im Zuge des weiteren Ausbaus der Stromversorgung auf alle Stromabnehmer zurück. Sie müssen auch von denjenigen Stromabnehmern getragen werden, die durch ihren Verbrauch die höheren Kapazitätsanforderungen nicht ausgelöst haben.

Die Sicherheit der Energieversorgung ist gewiß ein hohes Gut. Sie ist auch ein Ziel, das in dem Energiewirtschaftsgesetz von 1935 als Grundlage für die Ausübung der staatlichen Aufsicht anerkannt ist. Wenn jedoch unter dem Gesichtspunkt der Sicherheit der Energieversorgung Stromerzeugungskapazitäten und Leitungskapazitäten im Vorgriff auf etwa zehn Jahre errichtet werden, dann entsteht daraus nicht nur eine den Strom erheblich verteuernde Kostenbelastung. Es entsteht daraus ebenso die unternehmerische Nötigung, die immer schon vorhandenen Kapazitäten möglichst schnell zu nutzen und sie dadurch einzelwirtschaftlich rentabel zu machen. Es ist eine Aufgabe der Wirtschaftspolitik, solche möglichen Differenzen zwischen einzelwirtschaftlich rentablem und volkswirtschaftlich richtigem Verhalten zu ermitteln und eine an den Erfordernissen sparsamen Energieverbrauchs orientierte Praxis durchzusetzen. Diese Aufgabe wird von der Energieaufsicht heute nicht oder nur unvollkommen wahrgenommen. Die Rechtsprechung hat z. B. das Recht eines Energieversorgungsunternehmens bestätigt, einem städtischen Verteilerunternehmen wesentlich niedrigere Preise als einem ländlichen Verteilerunternehmen zu gewähren, weil das städtische Unternehmen auf den Betrieb eigener Stromerzeugungsanlagen verzichtete. Das wichtigste Kennzeichen der gegenwärtigen Tarifstrukturen ist ihre Undurchsichtigkeit. Öffentlich bekanntgemacht werden lediglich die Bedingungen für die Tarifabnehmer. Auf letztverbrauchende Sonderabnehmer entfielen 1974 aber 60 % der gesamten Stromabgabe. Diese Abnehmer zahlten weniger als die Hälfte des Durchschnittspreises des Normalverbrauchers. Es kennzeichnet die Undurchsichtigkeit der Preise und Kosten, daß ein bis heute nicht entschiedener Streit darüber geführt wird, ob bei so hohen Preisdifferenzen die Haushaltsabnehmer die Sonderabnehmer subventionieren oder umgekehrt die Sonderabnehmer benachteiligt werden.

In die Entscheidungen der Energieaufsicht fließen Gesichtspunkte des Umweltschutzes nur ein, soweit es sich um mittelbare Auswirkungen auf die Wirtschaftlichkeit und die Sicherheit der Energieversorgung handelt. Dieses Verfahren erscheint vor allem deshalb unzulänglich, weil die Elektrizitätswirtschaft zu den Industriezweigen zählt, die die Umwelt am stärksten belasten. Das gilt für konventionelle Kraftwerke und für Kernkraftwerke. Es bleibt zu fragen, warum in einem Wirtschaftsbereich, über dessen politische Relevanz Einigkeit besteht, die Spielräume zur besseren Nutzung von Energie so wenig genutzt werden, und warum äußerste Unruhe auf höchster Ebene und gelassene Selbstzufriedenheit mit dem Status quo so unvermittelt nebeneinanderstehen. Während die Bürger zur Vernunft ermahnt werden, scheinen Energieversorgungsunternehmen und die zuständigen politischen Stellen überzeugt, alles Notwendige immer schon getan zu haben. Die Energiewirtschaft liefert ein Lehrbeispiel dafür, was gesellschaftlich und politisch geschieht, wenn die Interessen der öffentlichen Hand und die Interessen der Unternehmen institutionell vereinigt werden.

Die bestehenden Verbindungen von unternehmerischen und hoheitlichen Funktionen haben überwiegend historische Gründe. Diese Verbindungen werden aber durch die gegenwärtige Energiepolitik nicht abgebaut, sondern eher verschärft. Die Gemeinden sind infolge ihrer Pionierleistung in der Elektrifizierung der Haushalte durch eigene Unternehmen in der öffentlichen Energieversorgung tätig. Zahlreiche Anzeichen sprechen jedoch dafür, daß sie ihre Beteiligung am Stromgeschäft nicht nur als Instrument einer möglichst günstigen Stromversorgung ihrer Bürger betrachten. Die im Zusammenhang mit dem Stromgeschäft erzielten Einnahmen fließen vielmehr anderen öffentlichen Aufgaben zu. Eben dies scheint auch eine ausreichende Rechtfertigung durch das öffentliche Interesse zu gewährleisten. Unbeantwortet bleibt die Frage, wie sich diese Art des kommunalen Eigeninteresses auf die

Struktur der Stromversorgung auswirkt. Die Einnahmen, welche die Gemeinden erzielen, indem sie einem Energieversorgungsunternehmen das ausschließliche Recht einräumen, auf ihrem Gebiet Leitungen zu verlegen, sind als sogenannte Konzessionsabgaben zu einer wichtigen Einnahmequelle geworden. Diese Einnahmen betragen z. Zt. über 1 Mrd. DM pro Jahr. Weil diese Einnahmen anderweitig nicht ausgeglichen werden könnten, wird jeder Vorschlag zur Abschaffung dieses Systems, die seit mehr als vierzig Jahren gefordert wird, als unrealistisch zurückgewiesen. Das System der Konzessionsabgaben begründet aber ein finanzielles Eigeninteresse der Gemeinden, das ausschließliche Leitungsrecht eines bestimmten Energieversorgungsunternehmens nicht in Frage zu stellen, selbst wenn es wirtschaftlich geboten und sinnvoll wäre.

Bund und Länder sind unmittelbar oder mittelbar an den Energieversorgungsunternehmen als Aktionäre beteiligt. Zugleich üben die Länder die Fachaufsicht und die Kartellaufsicht über diese Unternehmen aus. Hoheitliche Eingriffe zu Lasten der Energieunternehmen werden mindestens auch unter dem Gesichtspunkt betrachtet, ob sie nicht die im öffentlichen Interesse liegenden Dividendenerwartungen der öffentlichen Hand in ihrer Eigenschaft als Aktionär schmälern. Die bloße Vielfalt persönlicher und organisatorischer Verbindungen zwischen Unternehmen und öffentlicher Hand tragen zu einer Praxis bei, welche Politik wie selbstverständlich in den Dienst der Unternehmen und die Unternehmen in den Dienst der Politik stellt. Die Gefahr ist unverkennbar, daß sich unter dem Druck politischer Angriffe die stille Koalition zwischen Wirtschaft und Politik verfestigt. Diese Gefahr ist um so größer, als die außen- und verteidigungspolitischen Komponenten der energiepolitischen Entwicklung für den Bürger fortschreitend undurchschaubarer werden. Nicht die geringste Gefahr könnte darin bestehen, daß vergleichsweise undramatische Entscheidungen mit weittragenden, wohltuenden Wirkungen unter dem vermeintlichen Sachzwang zur Verteidigung der Autonomie der Energiepolitik unterbleiben. Es könnten Spielräume übersehen werden, welche die Energiepolitik diesseits der Apokalypse hat. Es wäre viel gewonnen, wenn die an der Energiepolitik Beteiligten bereit wären, auf die bequemen und gängigen Rechtfertigungsklischees zu verzichten: sich nicht auf die Tugenden der Marktwirtschaft zu berufen, wo es um das Verhalten von Monopolisten geht; nicht das öffentliche Interesse zu bemühen, wo unternehmerische Eigeninteressen im Spiel sind; nicht den Sachzwang des fortschreitenden Wachstums des Energiebedarfs vorzuschützen und dieses Wachstum mit Hilfe der Tarifpolitik zu forcieren. Es ist an der Zeit, auch praktisch anzuerkennen, daß es eine politische Verantwortung für die Entwicklung der energiewirtschaftlichen Leitungsmonopole gibt. Wer für die Wahrnehmung dieser Verantwortung plädiert, befürwortet keinen Dirigismus und keine allgemeine Investitionsplanung. »Wirtschaftliche Macht«, hat einer der Väter der sozialen Marktwirtschaft bemerkt, »erreicht ihre höchste Gefahrenstufe nicht einmal in privater, sondern gerade in öffentlicher Hand« (Leonhard Miksch). Diese These läßt sich anhand der Energiewirtschaft vielfältig belegen.

Was heißt das eigentlich – Energiesparen?

Hartmut Bossel / Ulrich Ratsch

»Sparen« – das weckt Gedanken an Askese und Verzicht, an Notzeiten, die wir doch längst hinter uns glauben. Natürlich ist Verzicht – auf das Auto, auf eine warme Wohnung – der einfachste Weg, um Energie zu sparen. Aber davon soll hier nicht die Rede sein. Es gibt einen eleganteren Weg zum Energiesparen, der uns keinen Verzicht abverlangt, dafür aber etwas Nachdenken und Umdenken erfordert: den besseren (oder rationelleren) Einsatz von Energie.

Wir alle als Einzelpersonen, aber auch Kommunen und Fabriken, Landwirtschaft und Handwerk, brauchen täglich gewisse Dienstleistungen, die sich nur durch den Einsatz von Energie bereitstellen lassen: warme Räume, warmes Essen, Transport zum und vom Arbeitsplatz, Produktion von Gütern, Kommunikation über Telefon, Rundfunk und Fernsehen, um nur einige Beispiele zu nennen.

Wieviel Energie nun tatsächlich benötigt wird, um eine bestimmte Energiedienstleistung zu schaffen, ist stark abhängig von der technischen Güte des Nutzungssystems – also zum Beispiel des Fahrzeugs und des Fahrzeugmotors – und von der Art seiner Nutzung. Ein Fahrzeug, das (bei etwa gleichem Benzinverbrauch, wohlgemerkt!) vier Leute anstatt nur eine Person transportiert, schafft eine etwa viermal höhere Energiedienstleistung für den gleichen Energieverbrauch. Wird im Winter bei offenem Fenster geheizt, so wird erheblich mehr Energie verbraucht, als bei geschlossenem Fenster nötig wäre, um die erforderliche Energiedienstleistung – das warme Zimmer – bereitzustellen.

Tatsächlich sind im Laufe der technischen Entwicklung die Energieverbräuche bei gleichbleibender oder sogar verbesserter Energiedienstleistung in den meisten Fällen stark abgesunken. Das gilt zum Beispiel für den Übergang von Radioröhren auf Halbleiter in der Elektronik, für neue Kleinwagen, für zahlreiche industrielle Prozesse. Aber die Grenze des Möglichen ist in vielen Fällen noch längst nicht erreicht. So auch bei der Wärmedämmung, die uns in diesem Beitrag besonders beschäftigen wird. Bei niedrigen Heizölpreisen war es in der Vergangenheit billiger, an der Wärmedämmung zu sparen und dafür einen erhöhten Energieverbrauch in Kauf zu nehmen. Diese Tatsache deutet bereits auf *eine* Möglichkeit der Einführung besserer Energienutzung: ganz sicher werden erhöhte Energiepreise erhebliche Anreize für den Einsatz verbesserter Verfahren liefern.

Aber es wäre sicher ein Fehler, gerade im Bereich des privaten Verbrauchs zu erwarten, daß sich der Konsument nur von Wirtschaftlichkeitsbetrachtungen zur besseren Energienutzung bewegen ließe: hier spielen andere Gesichtspunkte wie Bequemlichkeit, Unabhängigkeit und Bewegungsfreiheit (durch das eigene Auto), Gewohnheit, Prestige usw. wahrscheinlich eine größere Rolle.

Welche Möglichkeiten besserer Energienutzung gibt es überhaupt?

Zunächst einmal *technische Möglichkeiten:* Bevor sich Primärenergie in Energiedienstleistung beim Verbraucher verwandelt, wird sie meist in mehreren Stufen umgewandelt: Kohle in Wärme, Wärme in mechanische Arbeit, mechanische Arbeit in Elektrizität, Elektrizität in Bewegungsenergie, Bewegungsenergie in Verformungsenergie, die z. B. einem Produkt seine Gestalt gibt. Oder: Rohöl zu Heizöl, Heizöl zu Wärme, die einen (mehr oder weniger schlecht isolierten) Raum heizen muß. Bei jedem Umwandlungsprozeß geht Energie verloren. Nun sind zwar die *groß*technischen Prozesse der Energieumwandlung (Elektrizitätswerke, Raffinerien) bereits seit längerem technisch so ausgereift, daß weitere Verbesserungen aus physikalischen Gründen kaum möglich erscheinen. (Leider führt diese physikalische Grenze bei Wärmekraftwerken zu außerordentlich hohen Verlusten bei der Stromerzeugung: etwa zwei Drittel bis drei Viertel der Wärmeenergie geht ungenutzt verloren.) Dagegen hat man den Nutzungssystemen des Verbrauchers längst nicht die gebührende Aufmerksamkeit geschenkt: Viele Kühlschränke sind schlecht isoliert, Wohnungen haben nur ein Minimum an Wärmedämmung, Motoren verschleudern Energie bei der Stadtfahrt. Hier gibt es noch viele Verbesserungsmöglichkeiten, wenn auch immer ein vernünftiger Kompromiß zwischen dem physikalisch und dem wirtschaftlich Möglichen beachtet werden muß: der Kühlschrank mit meterdicker Wärmedämmung dürfte wenige Hausfrauen zum Kauf reizen.

Daneben gibt es technische Möglichkeiten besserer Energienutzung bei der *Kombination von Umwandlungsprozessen*: So läßt sich die gleiche Energiedienstleistung (z. B. ein warmer Raum) durch Aneinanderreihung ganz verschiedener Umwandlungsprozesse erreichen. Entsprechend werden auch die Energieverbräuche verschieden sein. So wird z. B. bei der Heizung eines Hauses mit Strom insgesamt etwa 50 % mehr Primärenergie als bei der Heizung mit Öl und über 100 % mehr als bei der Heizung mit einer stromgetriebenen Wärmepumpe verbraucht. Dann gibt es die Möglichkeit, auf *organisatorischem Wege* dafür zu sorgen, daß Energie besser als bisher genutzt wird. Hierzu gehören Bauvorschriften und DIN-Normen, die bessere Wärmedämmung verlangen, Mindeststandards, Gütesiegel der Verbraucherorganisationen, Betriebsvorschriften (wie eine Geschwindigkeitsbegrenzung für Autos oder Temperaturbegrenzungen in Räumen). Es gehören dazu auch Investitionsanreize oder -erschwernisse wie Subventionen, Steuerabschreibungen, Sondersteuern auf energieverschleißende Geräte (wie z. B. Präsident Carters Steuern auf überschwere Autos), Preis- und Tarifgestaltung usw. – Maßnahmen, die zum großen Teil Investitions- und Verbrauchsentscheidungen steuern, ohne direkt Zwang auszuüben.

Schließlich gibt es noch die Möglichkeit, das *Verbraucherverhalten* zu beeinflussen. Sicher keine einfache Aufgabe, aber ganz sicher auch nicht so aussichtslos, wie sie oft dargestellt wird: Es wird ja weiter nichts verlangt, als das sowieso Vernünftige zu tun. Auch hier muß wiederum der Komfort, die Dienstleistung beim einzelnen, nicht unbedingt leiden. Es dreht sich lediglich um Dinge wie: unbenutztes Licht ausschalten, die Heizung abdrehen in Räumen, die für einige Zeit nicht benutzt werden oder die gelüftet werden, den Thermostat um ein oder zwei Grad tiefer stellen und dafür eine Jacke anziehen. Oder auch einfach nur: den Verbrauch durch Geräte wie Strom-, Benzin- und Heizölverbrauchsanzeiger ständig kontrollieren, um zu lernen, unter welchen Umständen günstige Verbräuche erzielt werden. Geräte zu diesem Zweck kommen allmählich auf den Markt.

Wir wollen jetzt etwas konkreter werden und fragen, wo sich besonders hohe Energieverbräuche finden und welche Ansatzpunkte es gibt, um mit geringem Energieeinsatz die gleiche Energiedienstleistung zu erreichen.

Sehen wir uns dazu an, wie sich der Endenergieverbrauch auf die einzelnen Verbrauchssektoren aufteilt: Auf die Industrie entfallen 36 % des Endenergieverbrauchs, im Verkehr werden 20 % eingesetzt und der Sektor Haushalte und Kleinverbraucher hat einen Anteil von 44 %. Will man abschätzen, wo in diesen Bereichen Energie durch rationellere Nutzung eingespart werden kann, so muß man die einzelnen Sektoren näher betrachten und fragen, wozu die eingesetzte Energie verwendet wird.

Beginnen wir mit der Industrie: 75 % der in der Industrie eingesetzten Endenergie wird zur Erzeugung von Prozeßwärme verwendet. Also etwa zum Schmelzen von Glas oder Metallen, zum Erhitzen von Ausgangsmaterialien chemischer Prozesse. Ein großer Teil dieser Wärme wird nach dem Einsatz im Produktionsprozeß – sozusagen als Abfall – an die Umwelt abgegeben. Energie rationell zu verwenden würde bedeuten, diese Abwärme noch zu nutzen. Ein Beispiel: Die Wärme der Abgase von Glasschmelzöfen läßt sich zur Vorwärmung der Rohstoffe der Glasherstellung ebenso verwenden wie zur Gebäudeheizung. Durch vermehrten Einsatz solcher Wärmerückgewinnungsanlagen und durch Nutzung der Abwärme eines Produktionsgangs in anderen Prozessen ließe sich der Endenergieeinsatz deutlich reduzieren.

Hier muß auch die Kraft-Wärme-Kopplung genannt werden, also die Stromerzeugung aus der Abfallwärme industrieller Prozesse. Nach einer Studie der Vereinigung Industrielle Kraftwirtschaft könnten durch verstärkten Einsatz der Kraft-Wärme-Kopplung 20000 Megawatt elektrischer Leistung erzeugt werden, also etwa soviel wie in 20 Kernkraftwerken.

Auch durch verstärktes Recycling von Glas und Metallen könnte der Energieeinsatz in der Industrie gesenkt werden. So werden z. B. zur Erzeugung von einer Tonne Roheisen aus Eisenerz etwa 10000 Kilowattstunden benötigt; verwendet man als Ausgangsmaterial Schrott und Eisenabfälle, so genügt die Hälfte dieser Energiemenge. Noch größer ist der Energiespareffekt beim Recycling von Aluminium. Hier wird der Energieeinsatz pro Tonne Aluminium von etwa 50000 Kilowattstunden auf etwa 2500 Kilowattstunden, also auf ein Zwanzigstel reduziert. Abschätzungen haben ergeben, daß im Sektor Industrie bei gleicher Produktionsleistung insgesamt etwa 20 % der Energie eingespart werden könnte.

Betrachten wir als nächstes den Sektor Verkehr: Hier existieren Möglichkeiten zur Verringerung des Energieverbrauchs sowohl im technischen, konstruktiven Bereich als auch im Fahrverhalten. Die technischen Maßnahmen betreffen insbesondere die Konstruktion leichterer Fahrzeuge, die Verbesserung der Motoren sowie die verstärkte Verwendung von Dieselmotoren. Der Verband der Deutschen Automobilindustrie hat abgeschätzt, daß durch diese Maßnahme der Kraftstoffverbrauch im Durchschnitt um 10–15 % zu senken ist. Eine noch stärkere Verringerung des Energieverbrauchs ließe sich durch eine Änderung des Fahrverhaltens erreichen. Häufiges Beschleunigen und wieder Abbremsen treibt die Benzinrechnung in die Höhe. Durch gleichmäßiges Fahren kann man bei gleicher Fahrzeit den Energieverbrauch senken. Will man als Autofahrer Benzin sparen, so muß man darüber hinaus häufig den Reifendruck kontrollieren und regelmäßig die Einstellung von Zündung und Vergaser überprüfen lassen.

Ferner kann durch die Bildung von Fahrgemeinschaften die Auslastung des PKW, besonders im Berufsverkehr, deutlich erhöht und damit der Benzinverbrauch weiter gesenkt werden. Diese Maßnahmen bedeuten keinerlei Verzicht auf Komfort. Im übrigen sollte man sich auch einmal die Frage stellen, ob es nicht sinnvoll sein kann, gelegentlich auf ein wenig Komfort zu verzichten, indem man kurze Strecken nicht mit dem Auto, sondern zu Fuß oder mit dem Fahrrad zurücklegt. Im Endeffekt könnte sich dabei eine Steigerung der Lebensqualität ergeben.

Als organisatorische Maßnahme, die im Bereich des Verkehrs dazu dienen kann, den Energieverbrauch zu senken, sei hier eine generelle Geschwindigkeitsbegrenzung genannt. In einer vom Bundesminister für Forschung und Technologie veröffentlichten Studie wird angegeben, daß der Benzinverbrauch bei einer Geschwindigkeit von 150 km/h um 60 % über dem Benzinverbrauch bei 100 km/h liegt. Faßt man die Maßnahmen zusammen, die im Sektor Verkehr ohne Einbuße an Energiedienstleistung den Energieeinsatz senken, so erhält man insgesamt eine Energieeinsparung von etwa 30 %.

Wir kommen nun zu dem letzten der genannten Verbrauchssektoren, dem der größte Endenergieanteil zufließt, den privaten Haushalten und den sog. Kleinverbrauchern, also vor allem Gewerbebetrieben und öffentlichen Einrichtungen. Zusammen nutzen sie, wie schon gesagt wurde, 44 % des Endenergieeinsatzes der Bundesrepublik. Der größte Teil dieser Endenergie wird zur Erzeugung von Wärme bei niedrigen Temperaturen verwendet, nämlich 84 % zur Raumheizung und 10 % zur Warmwassererzeugung. Nur 6 % werden für Licht, Haushaltsgeräte, Kochen und Backen benötigt. Dies bedeutet, daß es zwar kein Fehler ist, Lampen auszuschalten, wenn sie gerade nicht benötigt werden, daß man damit aber die Energiebilanz der Bundesrepublik nur unwesentlich entlastet. Viel bedeutsamer sind Maßnahmen zur Verringerung des Energieeinsatzes für Heizung und Warmwasserbereitung.

Hier können nur wenige Beispiele zur rationellen und sparsamen Verwendung von Heizenergie aufgezählt werden. Die Zahlenangaben beruhen auf einer im Auftrag des Bundesministers für Forschung und Technologie erstellten Studie mit dem Titel »Auswirkungen von Technik und Verhaltensweise auf den Energieverbrauch«.

Wie auch bei anderen Verbrauchssektoren kann man unterscheiden zwischen technischen und organisatorischen Maßnahmen auf der einen, Änderungen des Verbraucherverhaltens auf der anderen Seite. Die technischen Maßnahmen dienen fast ausschließlich der Wärmeisolierung von Gebäuden. Als Minimalmaßnahmen, die Heimwerker zum Teil selbst ausführen können, wären etwa zu nennen:

- das Anbringen von Isoliertapeten vor allem an den Außenwänden der Zimmer: damit können bei verbessertem Raumklima 3 % des Energieeinsatzes eingespart werden;
- die Abdichtung von Fugen an Türen und Fenstern; dies bringt eine Ersparnis von 8 % des Energieeinsatzes;
- ferner die verstärkte Wärmedämmung an Heizkörpernischen; damit läßt sich eine Reduktion des Heizwärmebedarfs um weitere 2 % erzielen;
- schließlich das Ersetzen von Einfachglasscheiben durch doppelte Verglasung; der Energieeinsatz wird hierdurch um 11 % gesenkt.

Schon durch diese relativ einfachen und billigen Maßnahmen – die Kosten liegen bei etwa 1800 DM für eine 4-Zimmer-Altbauwohnung, wenn die Umrüstung überwiegend in Heimarbeit durchgeführt wird – läßt sich der Heizwärmebedarf um 24 % verringern, wo Doppelfenster schon vorhanden sind, immerhin noch um 13 %.

Selbst in Altbauten lassen sich Energieeinsparungen erzielen, die über das hinausgehen, was mit diesen Minimalmaßnahmen erreicht werden kann. Die schon genannte Studie des Bundesministers für Forschung und Technologie schätzt ab, daß sich durch Investitionen, deren Kosten für eine Wohnung mit 100 m² Wohnfläche etwa 3000–4000 DM betragen, der Brennstoffverbrauch um rund 40 % verringern ließe. Dabei ist angenommen, daß die Wärmedämmung im Rahmen einer ohnehin fälligen Fassadenrenovierung erfolgt.

Wenn schon beim Neubau von Häusern mehr Gewicht auf eine gute Wärmedämmung gelegt wird, sind natürlich noch höhere Energieeinsparungen möglich. Bei Einfamilienhäusern können durch Mehraufwendungen von 3000–6000 DM, also etwa 1,5–3 % der gesamten Baukosten, 40–50 % des Heizwärmebedarfs und damit der Heizkosten eingespart werden. Die Ersparnis beträgt – in Kosten ausgedrückt – etwa 600–750 DM im Jahr. Das bedeutet, daß die höheren Investitionskosten sich bald auszahlen. Neueste Untersuchungen im Auftrag des Bundesministers für Forschung und Technologie haben sogar ergeben, daß es bei Anwendung geeigneter Bauverfahren möglich ist, billiger und energiesparender zugleich zu bauen. Die häufig gehörte Behauptung, Energiesparen sei unwirtschaftlich, darf also mit Fug und Recht in den Bereich der Fabel verwiesen werden.

Zu den technischen Maßnahmen zur Senkung des Heizwärmebedarfs gehört auch die Anbringung von Thermostatventilen an Heizkörpern. Diese ersparen nicht nur das Regeln der Temperatur von Hand, sondern verringern auch die Brennstoffkosten.

Hier muß noch einmal darauf hingewiesen werden, daß alle diese technischen Maßnahmen zur erhöhten Wärmeisolation der Gebäude und zur verbesserten Regulierung der Heizkörper nicht nur Energie einsparen helfen. Vielmehr werden Wohnkomfort und Behaglichkeit gesteigert, indem die Temperatur der Wandflächen erhöht wird, der Temperaturverlauf im Zimmer konstant bleibt und Zugluft vermieden wird. Es geht also gerade bei den Maßnahmen zur Senkung des Heizwärmebedarfs keineswegs um Verzicht, sondern um eine Verbesserung der Wohnsituation.

Auch beim Betrieb von Haushaltsgeräten kann Energie rationeller und damit sparsamer verwendet werden. Zwar macht der Endenergieeinsatz für Haushaltsgeräte, Licht, Kochen und Backen, wie schon erwähnt, nur 6 % des Endenergieverbrauchs in Haushalten und bei Kleinverbrauchern aus, aber diese Geräte werden mit elektrischem Strom betrieben. Strom aber wird aus den Primärenergiearten Kohle, Öl, Gas oder Kernenergie mit besonders hohen Umwandlungsverlusten erzeugt. Nur etwa 35 % der im Kraftwerk eingesetzten Energie wird in elektrische Energie umgewandelt, ungefähr 65 % gehen als Abwärme verloren. Daher wirken sich Einsparungen von elektrischem Strom auf die gesamte Energiebilanz besonders vorteilhaft aus.

Mißt man den Energieverbrauch verschiedener Haushaltsgeräte, die gleiche Energiedienstleistungen bereitstellen, also z. B. von Kühlschränken oder Tiefkühltruhen gleicher Größe und gleicher Kühlleistung, so stellt man Unterschiede im Energieverbrauch bis zu etwa 100 % fest. Bei Neuanschaffung oder

Ersatz solcher Geräte sollte darauf geachtet werden. Dies ist natürlich nur dann möglich, wenn von den Herstellern und Verkäufern die entsprechenden Angaben gemacht werden. Eine Auszeichnungspflicht des Energieverbrauchs von Haushaltsgeräten könnte hier helfen.

Ein großer Teil des elektrischen Stromverbrauchs im Haushalt wird in Spül- und Waschmaschinen dazu verwendet, das benötigte Wasser mit einer eingebauten elektrischen Heizung aufzuwärmen. Wegen der hohen Umwandlungsverluste bei der Stromerzeugung ist es aber nicht sinnvoll, Strom zum Heizen einzusetzen. Um Energie einzusparen, sollte man daher, wie in manchen anderen Ländern schon üblich, Spül- und Waschmaschinen nicht an die Kaltwasserleitung, sondern an die Warmwasserleitung anschließen. Dies erfordert bei Waschmaschinen eine leicht veränderte technische Ausrüstung, die jedoch keinerlei Probleme mit sich bringt. Bei vielen Spülmaschinen, die heute auf dem Markt angeboten werden, ist überhaupt keine Umrüstung notwendig, weder an der Maschine noch an den Wasserleitungen im Haushalt.

Da einige der genannten technischen Maßnahmen Investitionen und damit Kosten verursachen, sollten sie durch *organisatorische Maßnahmen* unterstützt werden. Dabei ist an Abschreibungserleichterungen, Subventionen und sonstige finanzielle Anreize zu denken. Ferner sollten die in den DIN-Vorschriften festgelegten Werte für die Wärmedämmung an Neubauten erhöht werden. Hier besteht ein erheblicher Spielraum zwischen dem, was in den DIN-Vorschriften gefordert ist, und dem, was heute schon als technisch und wirtschaftlich machbar bekannt ist.

Zuletzt sei darauf eingegangen, wie jeder einzelne von uns durch sein Verhalten dazu beitragen kann, den Energieverbrauch in Haushalten zu senken. Es ist leicht einzusehen, daß man Energie unnütz verschleudert, wenn man Räume im Winter überheizt und die Temperatur durch häufiges Öffnen der Fenster reguliert. Senkt man die Raumtemperatur um 1,5 °C, und zwar nicht durch Fensteröffnen, sondern durch niedrigere Einstellung der Heizanlage, so bringt dies eine Einsparung des Heizwärmebedarfs um 10 %. Dies soll nun nicht bedeuten, daß man darauf verzichten soll, die Räume der Wohnung gelegentlich zu lüften. Jedoch sollte man dazu die Fenster nur solange öffnen, bis die Luft ausgetauscht ist, die Wandflächen und Möbel im Raum sich aber nicht abkühlen. Eine weitere Absenkung des Heizwärmebedarfs um bis zu 10 % wird erreicht durch die Absenkung der Heiztemperatur über Nacht und durch eine Heizunterbrechung in den Zeiten, in denen die Räume längere Zeit nicht benutzt werden.

Addiert man die Auswirkung aller Möglichkeiten rationeller Energienutzung im Sektor Haushalte und Kleinverbraucher, so findet man, daß bei gleicher Energiedienstleistung etwa 40 % des Energieeinsatzes eingespart werden können. Zusammen ergibt sich für die drei Verbrauchssektoren Industrie, Verkehr und Haushalte und Kleinverbraucher ein gesamtes Einsparpotential für die Endenergie beim Verbraucher von über 30 %. Damit wird eine Reduzierung des Primärenergiebedarfs von über 25 % erzielt, wenn der Anteil des elektrischen Stroms in der Endenergiebilanz unverändert bleibt. Wichtig ist dabei, daß diese Einsparungen gerade die in absehbarer Zeit knapp werdenden Reserven an Öl, Gas und Kohle betreffen.

Wenn man sich für bessere Energienutzung einsetzt, darf man nicht in den Fehler verfallen, den die Befürworter ständigen Energiewachstums heute begehen: daß man nämlich nicht die wirtschaftlichen, gesellschaftlichen und ökologischen Kosten und Konsequenzen seiner Vorschläge gründlich durchdenkt. Die bessere Energienutzung ist noch nicht sehr lange in der öffentlichen Diskussion und die Forschung beginnt erst langsam mit der Ermittlung ihrer möglichen Folgen und Folgekosten.

Aber einiges läßt sich auch ohne längere Analysen sagen: Zunächst einmal entstehen Umrüstungskosten. Zwar wird es sich dabei – wie bei der Anschaffung eines neuen, energiesparenden Fahrzeugs oder einer Heizanlage – zum großen Teil um sowieso fällige Ersatzinvestitionen handeln, die nicht voll als Investitionskosten der Energieeinsparung zugerechnet werden dürfen.

Zum anderen aber treten echte Zusatzinvestitionen auf, die sonst nicht angefallen wären, wie z. B. bei der Wärmedämmung eines bereits vorhandenen Baukörpers. Die Größe allein dieses potentiellen Marktes ist beachtlich; bei über 20 Millionen Wohnungen in der Bundesrepublik und einer mittleren Investition von 5000 DM je Wohnung ergibt sich ein Investitionspotential von 100 Milliarden DM. (Das ist etwa die Höhe der Investitionen für Kernkraftwerke, wie sie noch vor kurzem für die Zeit bis 1985 geplant waren.) Diese Investitionen kämen vor allem dem Handwerk und der mittleren und Kleinindustrie zugute.

Auf jeden Fall werden durch Programme zur besseren Energienutzung viele Arbeitsplätze geschaffen oder gesichert; einmal bei der Herstellung von energiesparenden Geräten, Bauteilen, Materialien und Zubehör wie Dämmelementen, Heizanlagen, Sonnenkollektoren, wärmetauschenden Lüftern, Regeleinrichtungen usw., zum anderen bei der Installation dieser Elemente.

Hierzu wieder ein Beispiel: Würden lediglich eine Million Wohnungen in der Bundesrepublik jährlich wärmedämmend umgerüstet und würde die Umrüstung jeder Wohnung zwei Leute etwa 14 Tage lang beschäftigen, so ergäbe sich bereits ein direkter Beschäftigungseffekt von 100000 Arbeitsplätzen für die Installation; bei Zulieferindustrie, Handel, Transport usw. dürfte die Zahl der Arbeitsplätze noch einmal von ähnlicher Größenordnung sein. Viele der energiesparenden Geräte und Anlagen wie Sonnenkollektoren, Wärmepumpen, Regeleinrichtungen usw. würden auch einen Exportmarkt finden; hier ergeben sich zusätzliche Arbeitsplätze.

Eine weitere Konsequenz besserer Energienutzung wäre die Senkung der für die Nutzenergie aufzuwendenden Betriebskosten bei gleichbleibender Energiedienstleistung.

Sicher ist auch, daß bessere Energienutzung erheblich zur Bekämpfung der Umweltverschmutzung beitragen würde; wo weniger Energie verbraucht wird, da gibt es auch weniger umweltverschmutzende Emissionen und vor allem weniger Abwärme.

Sicher ist ebenso, daß bessere Energienutzung die Importabhängigkeit stark reduzieren könnte. Da die möglichen Einsparungen vor allem Öl und Gas betreffen, könnten hier die Importe im vorhin besprochenen besonders günstigen Fall um etwa ein Drittel gesenkt werden. Da rationelle Energienutzung auch bedeutet, daß Strom nur dort eingesetzt wird, wo es sinnvoll ist, also für Licht und Kraft, nicht aber für die Heizung – es sei denn, mit der Wärmepumpe –, würde auch der Zuwachs des Elektrizitätsbedarfs sehr stark gedämpft werden. Dies würde sich in weiterer Verringerung der Importabhängigkeit äußern, die ja auch bei Uran besteht.

Sicher ist schließlich, daß bessere Energienutzung kostbare und unersetzliche Energierohstoffe weniger in Anspruch nehmen würde – sie bleiben länger erhalten für andere, die sie vielleicht notwendiger brauchen werden als wir heute: für arme Länder, die daraus Düngemittel zur Bekämpfung des Hungers herstellen könnten, für unsere Nachkommen, denen sie als Rohstoffe für Arzneimittel und als Grundstoffe für ihre Industrien dienen würden.

Energiesparen um des Sparens willen wäre ebenso töricht wie gedankenlose Verschwendung. Wir müssen wissen, warum wir uns dazu entschließen und was die Konsequenzen sein werden. Aber vom Standpunkt der Kosten, der Arbeitsplätze, der Umweltverschmutzung, der Importabhängigkeit und der Zukunftssicherung spricht heute alles dafür, die notwendigen Energiedienstleistungen unter Einsatz von weniger Energie bereitzustellen. Das erfordert die aktive Mithilfe vieler und die Unterstützung aller. Dieser Unterstützung kann man sich kaum verschließen – die bessere Energienutzung erscheint ganz eindeutig als die rundum günstigere Alternative.

Während wir alle in den nächsten Jahren lernen werden, Energie sparsamer einzusetzen, noch ohne dabei auf Komfort und Energiedienstleistungen verzichten zu müssen, werden wir gewiß auch mit den nächsten Fragen konfrontiert werden: Brauchen wir denn wirklich so viel Energiedienstleistung? Würde uns nicht ein gewisses Maß an Selbstbegrenzung vielleicht eine glücklichere und zufriedenere Gesellschaft bescheren? Stimmt vielleicht auch hier der Satz: Weniger ist besser?

Altes Recht und neue Technik

Rainer Beeretz / Siegfried de Witt

Wer umweltgefährdende Industrieanlagen errichten will, bedarf einer staatlichen Genehmigung. Dies gilt heute wie vor 50 Jahren. Das Genehmigungsverfahren, die Rechte der antragstellenden Unternehmen, der betroffenen Nachbarn und die gerichtliche Überprüfung sind in ihrer Struktur in den letzten 50 Jahren kaum geändert worden, obwohl die heutigen Industrieanlagen nicht nur größer, sondern auch gefährlicher sind. Ein Industrieunfall kann, wie in Seveso, eine ganze Region vergiften. Neu ist aber nicht allein die räumliche Dimension der Gefährdung, sondern auch die zeitliche. Der Müll der Atomkraftwerke wird noch dann eine Gefahr für unsere Nachkommen bilden, wenn diese Atomkraftwerke längst zu Staub zerfallen sind. Ist unsere Rechtsordnung mit der neuen Technik überfordert?

Es ist uns allen selbstverständlich, daß die Technik sich in ständiger Entwicklung befindet. Bewährte technische Verfahren werden durch andere Produktionsmethoden ersetzt. Neue Produkte erscheinen auf dem Markt und verändern unsere Lebensweise. Gegenüber diesen permanenten Umwälzungen erscheint die Rechtsordnung als ein statisches Gebilde. Recht ist das Resultat gesellschaftlicher Kompromisse und Erfahrungen. Die gesellschaftlichen Machtverhältnisse und mit ihnen die Rechtsordnung wandeln sich nur langsam. Dennoch muß das Recht auf die technische Entwicklung reagieren, es muß für die Entwicklung von Wissenschaft und Technik offen sein. Rechtliche Regelungen müssen so abgefaßt werden, daß sie auch für zukünftige, heute noch nicht bekannte Verfahren und Wirkungen Geltung haben.

Die Lösung dieser widersprüchlichen Aufgabe ist zunächst Sache des Gesetzgebers. Detaillierte gesetzliche Regelungen sind jedoch nicht möglich, weil dem Parlament die nötige Fachkenntnis fehlt und es die technische Entwicklung nicht auf einem bestimmten Niveau festschreiben soll. Die Einzelfallregelung ist im übrigen nicht Aufgabe des Parlaments. Diesem obliegen vielmehr die politischen Grundsatzentscheidungen darüber, wie wir und unsere Nachkommen leben wollen. Der Gesetzgeber hat sich deshalb bei der Formulierung vieler Gesetze eines Kunstgriffs bedient und auf die »Regeln der Technik« Bezug genommen. So darf zum Beispiel nach § 7, Abs. 2, Ziff. 3 des Atomgesetzes eine Atomanlage nur genehmigt werden, wenn »die nach dem Stand von Wissenschaft und Technik erforderliche Vorsorge gegen Schäden durch die Errichtung und den Betrieb der Anlage getroffen ist«. Dies scheint eine elegante Lösung zu sein. Das Maß des erforderlichen Schutzes entwickelt sich mit der Wissenschaft und der Technik im Rahmen unbestimmter Rechtsbegriffe ständig weiter, ohne daß deshalb das entsprechende Gesetz novelliert werden muß. Was ist aber der jeweilige »Stand von Wissenschaft und Technik«? Genauer: wer bestimmt den Inhalt dieser Formel?

Naturwissenschaften und Technik erscheinen für den Juristen zunächst als ein Bereich wertfreier, nur sachlichen Gesetzen unterworfener Entwicklung. Ohne Zweifel sind Naturgesetze allgemeingültig und technische Abläufe unabhängig von sozialen Interessen. Mit diesen abstrakten Regeln hat es die Rechtsordnung aber nicht zu tun. Ob z. B. ein Atomkraftwerk als Leichtwasserreaktor entwickelt und wie es konstruiert wird, welche Sicherungen gegen Unfälle vorgesehen werden, in welcher Größe es gebaut wird, das sind nicht nur technische Fragen. Atomkraftwerke werden hergestellt, um verkauft zu werden. Die Größe der Anlage und damit auch das Gefahrenpotential ist abhängig von der Rentabilitätsberechnung der Käufer. Der Hersteller von Atomkraftwerken hat ein wirtschaftliches Interesse an der Standardisierung seiner Produkte. Er wird also die Sicherheitsvorrichtungen der Anlage nicht ständig weiter entwickeln wollen, sondern zunächst versuchen, durch wissenschaftliche Untersuchungen nachzuweisen, daß die vorhandene Anlage sicher genug ist.

Die Betreiber der Atomkraftwerke, die Energieversorgungsunternehmen, haben gleichlaufende Interessen, denn die Standardisierung senkt die Anlagekosten und damit den Baupreis. Zusätzliche Sicherheitseinrichtungen erhöhen die Anlagekosten und verringern damit die Rentabilität.

Aber nicht nur die konkrete technische Ausgestaltung der einzelnen Anlage ist interessenabhängig, sondern auch die Entwicklung der Wissenschaft selbst. Wissenschaftliche Forschung im Bereich der Atomenergie ist angewiesen auf die Benutzung großer Anlagen und Apparaturen. Sie bedarf einer entsprechenden Finanzierung. Die damit gegebene Möglichkeit der staatlichen Einflußnahme auf die Forschung ist in der Bundesrepublik wenig genutzt worden. Die Inhalte der Atomprogramme sind letztlich von Vertretern der Wirtschaft und der Wissenschaft gemeinsam bestimmt und nachträglich durch die politischen Organe legitimiert und finanziert worden. Der Wissenschaft wiederum oblag im Verhältnis zur Wirtschaft die Grundlagenforschung und die nachträgliche Begründung der gewählten technischen Verfahren.

Am Beispiel des Berstschutzes werden die bestimmenden Interessen, zugleich aber auch die Widersprüche, besonders deutlich. Als die BASF inmitten ihres Werksgeländes in Mannheim ein Kernkraftwerk errichten wollte, machte der damals zuständige Bundesminister für Forschung und Wissenschaft zur Auflage, daß das Kernkraftwerk so zu konstruieren sei, daß ein Bersten des Reaktordruckgefäßes ausgeschlossen wird. Bei einem solchen Unfall würden nämlich plötzlich große Mengen Radioaktivität freigesetzt. Eine Evakuierung in einer Großstadt ohne jede Vorwarnung ist praktisch unmöglich. Die KWU entwickelte deshalb in Zusammenarbeit mit der Wissenschaft ein System, um das Bersten des Reaktordruckgefäßes zu verhindern. Dieser Berstschutz fand die Billigung der Reaktorsicherheitskommission, eines Gremiums, dem Wissenschaftler und damals auch Wirtschaftsvertreter aus dem Bereich der Kernenergie angehörten. Ohne jeden Zweifel bietet der Berstschutz eine höhere Sicherheit. Dennoch wurden in der Folgezeit Kernkraftwerke ohne Berstschutz genehmigt. Die KWU als Hersteller hatte kein Interesse, über den mit Biblis B erreichten Entwicklungsstand hinauszugehen und damit eine Standardisierung dieser Anlage zu vereiteln. Die Energieversorgungsunternehmen hatten ihrerseits wenig Interesse am

Berstschutz, da er die Anlagekosten erheblich verteuern würde. Die Wissenschaft hatte statt dessen den Nachweis zu führen, daß die vorhandenen Reaktordruckgefäße ausreichend sicher seien. An diesem Beispiel wird deutlich, daß Wissenschaft und Technik in ihrer Entwicklung keinen reinen Sachgesetzlichkeiten unterliegen, sondern von Interessen gesteuert werden. Für die Diskussion des Verhältnisses von Recht und Technik hat dies eine wichtige Konsequenz:

Die Rechtsordnung hat nicht die Probleme einer abstrakten Technik zu lösen, sondern konkrete Anlagen, Verfahren, Produkte und ihre Verwendung zu regeln. Die jeweilige konkrete Form einer Anlage oder eines Produkts ist nicht allein das Resultat von Wissenschaft und Technik, sie ist durch gesellschaftliche, insbesondere wirtschaftliche Interessen vermittelt. Die Regelung von Interessen, insbesondere ihre Zuordnung zueinander, ist aber eine wesentliche Aufgabe der Rechtsordnung. Daraus folgt, daß die Definition des Standes von Wissenschaft und Technik nicht den Wissenschaftlern und Technikern überlassen bleiben darf.

Konkrete Technik ist Produkt oder Produktionsmittel. Diese gehören als Elemente des Wirtschaftens in den nach unserer Gesellschaftsordnung prinzipiell staatsfreien Bereich der privaten Eigentumsverwertung. Ob dieser Grenzen zu ziehen sind, wird am Beispiel der Atomenergie heute von vielen Bürgern diskutiert, an deren Engagement für das Gemeinwohl kein Zweifel besteht. Ihre Frage lautet: Kann die Gesellschaft es zulassen, daß durch den Ausbau der Atomenergie insbesondere in ihrer zweiten Stufe, dem Schnellen Brutreaktor, so große unmittelbare Gefahren für Hunderttausende von Menschen und für spätere Generationen geschaffen werden? Darf es der Entscheidung weniger Unternehmen überlassen bleiben, zu bestimmen, welchen Anteil des gesamten Investitionskapitals wir in Zukunft für die Herstellung elektrischer Energie ausgeben wollen? Verlangt die Sicherung dieser Anlagen gegen Terroristen und Saboteure nicht so weitgehende Einschränkungen bürgerlicher Freiheiten, daß damit auch die demokratische Staatsordnung gefährdet wird?

Am Beispiel der rechtlichen Regelung der Atomenergie soll

gezeigt werden, wie der Staat die gesellschaftlichen Interessen an der Entwicklung dieser Technik bewertet und sie gegenüber den Interessen der Allgemeinheit an der Erhaltung und Sicherung von Leben, Gesundheit und Nachkommen einstuft.

Zu Beginn der deutschen Entwicklung der Atomtechnik wurden amerikanische Technologie und Wissenschaft übernommen. Die deutschen Wissenschaftler und die deutsche Wirtschaft hatten von Anfang an die Absicht, den amerikanischen Vorsprung einzuholen und nach Möglichkeit auf Teilgebieten die USA zu überholen. Die Koalition von Wissenschaft und Wirtschaft hat sowohl den Umfang staatlicher Förderung wie auch die Gesetzgebung bestimmt. Das Atomgesetz ist von den Interessenten selbst geschaffen und vom Parlament lediglich sanktioniert worden. Es überläßt die Entwicklung und Nutzung der Atomenergie der privaten Wirtschaft, macht allerdings die Errichtung und den Betrieb einer Atomanlage von einer vorherigen Genehmigung durch die Verwaltung abhängig. Der Geist dieses Gesetzes kommt in § 1 besonders deutlich zum Ausdruck. Dort heißt es an erster Stelle, Zweck des Gesetzes sei es, die Erforschung, Entwicklung und Nutzung der Kernenergie zu friedlichen Zwecken zu fördern. Erst an zweiter Stelle wird gefordert, Leben, Gesundheit und Sachgüter vor den Gefahren der Kernenergie zu schützen.

Bei der Prüfung, ob eine konkrete Anlage dem Stand von Wissenschaft und Technik entspricht, überträgt die Exekutive die Untersuchung auf einzelne Wissenschaftler und für den Bereich der Kerntechnik auf die Technischen Überwachungsvereine. Die Technischen Überwachungsvereine und ihr gemeinsames Institut für Reaktorsicherheit sind aber Einrichtungen der Wirtschaft. Mitglieder dieser Vereine sind einzelne Unternehmungen und die Energieversorgungsunternehmen. Die Reaktorsicherheitskommission als beratendes Gremium des Bundesinnenministers zählte bis vor kurzem Vertreter der Energieversorgungsunternehmen zu ihren Mitgliedern. Um die Genehmigungsverfahren zu beschleunigen und den Wünschen der Hersteller und Betreiber nach Standardisierung weiter entgegenzukommen, sollen Technische Regeln entwickelt werden, die Maßstäbe zur Beurteilung definieren. Im dafür vorgesehenen Kerntechnischen Ausschuß sitzen neben Vertretern der Exekutive Wissenschaftler und Vertreter der interessierten Wirtschaft, denen sogar ein Vetorecht zusteht. Die Zusammenarbeit von Wissenschaft, Wirtschaft und Exekutive vollzieht sich nicht immer reibungslos. So ging die Anforderung einer zusätzlichen Sicherung für das geplante BASF-Kernkraftwerk von der Exekutive aus. Auch das Verhältnis zwischen Technischen Überwachungsvereinen und Herstellern darf nicht als widerspruchsfrei betrachtet werden. Über die Dominanz der wirtschaftlichen Interessen besteht jedoch kein Zweifel.

Noch deutlicher wird dieser Zusammenhang bei der Bestimmung der erforderlichen Vorsorge. Das Ausmaß der Vorsorge ist abhängig vom Gefahrenpotential und den möglichen Folgen eines Unfalls. Bei technischen Systemen lassen sich Fehler nie völlig vermeiden, und deshalb kann auch eine Reaktorkatastrophe nicht absolut ausgeschlossen werden. Beim Bau von Atomkraftwerken sind nicht gegen alle denkbaren Unfälle technische Sicherungen vorgesehen. Sie bestehen nur bis zum »*g*rößten *a*nzunehmenden *U*nfall« (GAU). Was darüber hinausgeht, wird als »Restrisiko« behandelt. Eine Definition der Grenze, bis zu der ein Atomkraftwerk technische Sicherungseinrichtungen enthalten muß, ist weder technisch oder wissenschaftlich noch rechtlich vorgegeben. Häufig wird argumentiert, das Parlament habe der Bevölkerung mit dem Atomgesetz auferlegt, ein Restrisiko zu tragen. Was aber ist als Restrisiko zu betrachten? Wissenschaft und Industrie wollen die Grenze durch eine quantitative Abschätzung der Ausfallwahrscheinlichkeit einzelner Komponenten und Systeme bestimmen. Die Betrachtung allein der Unfallwahrscheinlichkeit ist dem Problem der Sicherheit kerntechnischer Anlagen jedoch nicht adäquat. Der Schaden tritt nicht nur am technischen System auf, sondern wesentlich in der Umgebung der Anlage, also bei den Menschen und der Natur. Die Wahrscheinlichkeit eines Unfalls ist dem nach mit der möglichen Schadensfolge zu bewerten. Die Einigung auf die Formel vom »größten anzunehmenden Unfall« ist ein Kompromiß zwischen Staat, Industrie, Elektrizitätswirtschaft und Wissenschaft. Einmal definiert, wird sie von den Verwaltungen wie ein rein technischer Sachverhalt behandelt und nicht mehr hinterfragt.

Das Verwaltungsgericht Freiburg hat in seiner Entscheidung zum Kernkraftwerk Wyhl die Ideologie der sogenannten Sachgesetzlichkeit dieser Definition durchschaut und erklärt, daß es Aufgabe der Exekutive sei, die Grenze der unerläßlichen Sicherheitseinrichtungen inhaltlich zu bestimmen, orientiert an der Wertordnung des Grundgesetzes. Da ein Bruch des Reaktordruckgefäßes – also ein weit über dem GAU liegender Unfall – möglich ist und zu vielen tausend Toten führen würde, hat das Gericht verlangt, daß ein solcher katastrophaler Unfall vollständig ausgeschlossen sein muß, auch wenn er noch so unwahrscheinlich ist. Dies bedeutet, daß die Definition des »größten anzunehmenden Unfalls« keine technische, sondern eine rechtliche Definition ist und deshalb auch von den Gerichten überprüfbar bleibt.

Das Urteil ist von vielen Interessenvertretern laut kritisiert worden. So erklärte Ministerpräsident Filbinger noch am Tage der Urteilsverkündung und vor Abfassung der schriftlichen Urteilsgründe, die Richter seien offensichtlich mit der Materie überfordert gewesen. Wir fragen uns, ob der Ministerpräsident dieselbe Auffassung vertreten hätte, wenn das Gericht den Bau freigegeben hätte. Andere Verwaltungsgerichte haben den Bau von Kernkraftwerken vorläufig eingestellt und damit den überhasteten Ausbau der Atomenergie in der Bundesrepublik gebremst. Die politischen Reaktionen auf diese Gerichtsentscheidungen sind nicht ausgeblieben. So wird vorgeschlagen, die Parlamente sollten über die Genehmigung der einzelnen Anlage entscheiden. Dies würde bedeuten, daß die Genehmigung eines Atomkraftwerkes durch die Verwaltungsgerichte nicht mehr überprüfbar wäre. Politiker sind bereit, elementare rechtsstaatliche Grundsätze preiszugeben, um der weiteren Entwicklung der Atomenergie den Weg zu ebnen.

Andere Vorschläge sind in ihrer Interessenrichtung nicht so deutlich erkennbar. So wird für die Verwaltung ein Beurteilungsspielraum auch bei der Feststellung der erforderlichen Vorsorge behauptet, ein Spielraum, der von den Gerichten nicht näher kontrollierbar sei. Andere verlangen, das Maß der erforderlichen Vorsorge solle durch sachverständige Gremien definiert werden und diese Definition müsse vor Gericht als eine Art Sachverständigenbeweis gelten. Auch hier soll die gerichtliche Überprüfung reduziert werden. Andere Vorstellungen gehen dahin, in atomrechtlichen Verfahren die erste Instanz der Verwaltungsgerichte wegfallen zu lassen und die Verfahren direkt vor die Oberverwaltungsgerichte zu bringen. Ziel aller Vorschläge ist es, der Verwaltung eine größere Machtfülle einzuräumen und sie an die Beurteilung durch Wissenschaft und Industrie zu binden.

Damit soll nicht gesagt sein, das geltende Atomrecht bedürfe keiner Reform. Im Gegenteil: die verschiedenen Prozesse haben erhebliche Unzulänglichkeiten im Schutz der Rechte der Allgemeinheit und des einzelnen sichtbar gemacht. Der einzelne Kläger gegen ein Atomkraftwerk kann nur sein eigenes individuelles Recht einklagen, obwohl er tatsächlich immer zugleich für die Lebensinteressen der Bevölkerung seiner Region eintritt. Diese Begrenzung der Klagebefugnis konnte so lange hingenommen werden, wie die schädlichen Auswirkungen geplanter Industrieanlagen nur wenige einzelne trafen. Wenn aber die Bevölkerung eines ganzen Landstrichs von einer Anlage betroffen ist, zeigt sich ein deutliches Mißverhältnis zwischen altem Recht und neuer Technik. Es ist deshalb vorgeschlagen worden, Verbänden die Befugnis einzuräumen, die Interessen der Allgemeinheit gerichtlich einzuklagen. Ob dieser Weg praktikabel ist, bleibt noch zu diskutieren. Sicherlich aber sollte es Gemeinden und Städten erlaubt sein, die Rechte ihrer Einwohnerschaft auf die Erhaltung von Leben und Gesundheit durch entsprechende Klagen zu schützen. Die Gemeinden sind noch am ehesten berufen, die Allgemeininteressen der Bevölkerung einer Region zu vertreten. Doch auch hier steht altes Recht entgegen. Man sagt, es liege nicht in der Kompetenz der Gemeinden, die Allgemeininteressen der Bevölkerung wahrzunehmen. Vielmehr sei allein die Genehmigungsbehörde zur Berücksichtigung der öffentlichen Interessen berufen.

Schließlich bleibt jeder Prozeß vor dem Verwaltungsgericht auf die Genehmigung einer einzelnen Anlage beschränkt. Das

Gesamtsystem der Atomwirtschaft muß vom Verwaltungsgericht außer acht gelassen werden. Das Oberverwaltungsgericht Münster hat im Rechtsstreit um den Schnellen Brüter in Kalkar erstmals das ganze System der Atomwirtschaft zum Prozeßgegenstand erhoben. Da es der Auffassung ist, das Atomgesetz sei hinsichtlich des Schnellen Brüters mit dem Grundgesetz unvereinbar, hat es die Entscheidung über die Verfassungsmäßigkeit des Atomgesetzes dem Bundesverfassungsgericht vorgelegt. Aufgabe des Parlaments sei es, darüber zu entscheiden, ob eine neue Technologie wie der Schnelle Brüter eingeführt werde, da eine Plutonium-Wirtschaft weitreichende Auswirkungen auf die Staats- und Gesellschaftsordnung haben werde. Damit sind erstmals von einem Gericht die Folgen eines technischen Systems für die Rechtsordnung angesprochen worden.

Diese ist nicht unabhängig von ihrem gesellschaftlichen und technisch-industriellen Substrat. Allein die zunehmenden persönlichen Überwachungen, um die Sicherheit der Anlagen und des Transports gegen Saboteure und Terroristen zu garantieren, werden die politischen Freiheiten erodieren.

Muß das alte Recht vor der neuen Technik kapitulieren? Keineswegs, wenn es in Orientierung an den Prinzipien unserer Verfassung weiterentwickelt wird. Skepsis ist dabei gegenüber allen Reformen geboten, die lediglich eine bessere Verwaltungseffizienz im Auge haben.

Wir wollen hier einige Schlußfolgerungen für eine Verbesserung unseres Rechts ziehen:

Da die Realisierung neuer Techniken unser Leben nachhaltig bestimmt, kann sie nicht allein dem begrenzten Kalkül einzelwirtschaftlicher Rentabilität überlassen bleiben. Notwendig ist eine öffentliche Diskussion der gesellschaftlichen und politischen Konsequenzen einer bestimmten Technikwahl.

Dem Bürger müssen die Prämissen und die Folgen deutlich werden. Nur so wird es zu vermeiden sein, daß sich mit der Ideologie der technischen Sachgesetzlichkeit partikuläre Interessen durchsetzen.

Der Vorzug ist jenen Techniken zu geben, die möglichst langfristig Korrekturen einer Wahl ermöglichen, denn unsere Vernunft ist endlich.

Da die Interessen bis in die Forschung und Entwicklung reichen, dürfen diese nicht einseitig ausgerichtet und kontrolliert werden. Wir müssen uns den scheinbaren Luxus leisten, dieselben Fragen gleichzeitig von verschiedenen Seiten untersuchen zu lassen.

Die bisherigen Erfahrungen zeigen, daß die staatlichen und wirtschaftlichen Bürokratien nur zu leicht miteinander kooperieren und sich auf Kosten der Bürger verständigen. Deshalb sind Forschungseinrichtungen notwendig, die von den Bürgern unmittelbar kontrolliert werden.

Nicht zuletzt muß der Status der Wissenschaftler und Techniker rechtlich gesichert werden. In privaten wie auch in staatlichen Einrichtungen dürfen Wissenschaftler und Techniker nur publizieren und ihre Kenntnisse öffentlich mitteilen, wenn dies den Zielen der Unternehmen bzw. der Verwaltung nicht schadet. Wer die Öffentlichkeit vor den schädlichen Folgen einer technischen Entwicklung aufgrund eigener Forschung warnt, verliert seinen Arbeitsplatz. Er wird selten eine neue Anstellung finden. Wissenschaft und Technik sind nur so frei wie die Wissenschaftler und die Techniker. Von ihnen hängt so viel ab, daß wir hier dringend ein neues Recht brauchen, wenn nicht die alte Idee einer humanen Welt verlorengehen soll.

Gesellschaftliche Einbettung der Technologien

Horst Folkers / Wolfgang Lienemann

I.

Zu derselben Zeit, als James Watt die Dampfmaschine erfand, erschien in Göttingen 1776 ein Buch mit dem Titel »Anleitung zur Technologie«. Sein Verfasser, Johann Beckmann, ist der Vater des Begriffes »Technologie« und Begründer der Wissenschaft gleichen Namens.[1] Der neue Begriff der Technologie bezeichnet ein bestimmtes Programm: Umfaßte der herkömmliche Begriff der Technik die Erfahrungen, Regeln und Fertigkeiten, nach denen eine Kunst oder ein Gewerbe ausgeübt werden, so bezieht sich die neue Wissenschaft der Technologie auf den Zusammenhang des technischen Vermögens des Menschen mit der planvollen Gestaltung der Volkswirtschaft. Technologie hat ihren Gegenstand in den Wechselbeziehungen von Technik und Nationalökonomie und ist damit von Anfang an eine Gesellschaftswissenschaft.[2]

Daß man freilich auch Technik selbst nur versteht, wenn man sie in ihrem gesellschaftlichen Zusammenhang sieht, machen schon die beiden ersten großen Abhandlungen dieser Frage im europäischen Denken deutlich.[3] Platon hat im Mythos von Epimetheus und Prometheus dargestellt, wie die Menschen, gleich allen anderen Lebewesen, mit ihren spezifischen Fertigkeiten, den »technai«, ausgestattet werden. Er hat im zweiten Buch seines Werkes über den Staat gezeigt, daß diese technischen Fertigkeiten des Menschen eine bestimmte Sozialform voraussetzen und bedingen. Ihre Anwendung und Beherrschung erzwingen nämlich Spezialisierung und Arbeitsteilung, die wiederum nur in einer besonderen Rechts- und Wirtschaftsform verwirklicht werden können.

Ähnlich wie Platon geht Aristoteles davon aus, daß jeder Handwerker Werkzeuge besitzt und braucht. Beides gehört zusammen: Der rechtliche Besitz und der technische Gebrauch von Werkzeugen sind notwendig, um durch Arbeit die Mittel zum Leben herzustellen. Technische Mittel haben ihren Sinn im Zusammenhang menschlicher Arbeit, indem sie Mittel zur Entlastung von Arbeit sind. Allgemein gilt daher von der Antike bis zur Neuzeit, daß die soziale Einbettung jeder Technik maßgeblich durch die gesellschaftliche Organisation der Arbeit bestimmt ist.

Bei Aristoteles findet sich überdies schon eine Vorahnung der neuzeitlichen Utopie der Technik; es ist der Gedanke des Automaten. Aristoteles sagt: »Wenn die Webschiffchen selber weben könnten und die Griffe Zither spielten, dann brauchte der Handwerker keine Lehrlinge und der Herr keine Sklaven.«[4] Zwar blieb der Automat Utopie, und die Griechen haben trotz ihrer bedeutenden Kenntnisse der Mathematik und Mechanik keine besonderen Leistungen in der Technik hervorgebracht.[5] Doch die Utopie der Technik hat sich erhalten. Zwei Erwartungen verbinden sich mit ihr: die Vorstellung, daß die *Natur* ohne Zwang und Gewalt, gleichsam durch List, dazu bewegt werden kann, dem Menschen zu bieten, was er zum Leben braucht[6], und die Hoffnung, daß die *Mühsal* der *Arbeit* zunehmend verringert und schließlich beseitigt werden kann durch Automaten, also Maschinen, die sich selbst zu steuern in der Lage sind. Die Konstruktion derartiger Maschinen sollte die Fertigkeiten der besten Handwerker mit den wissenschaftlichen Erkenntnissen derer, die die Gesetze der Natur erforschen, vereinen; so könnten, wie Descartes meinte, die Menschen zu »Meistern und Besitzern der Natur« werden.[7]

Über die Jahrhunderte hinweg ist die Utopie einer Maschine, die von selbst, »automatisch«, die Mühsal der Arbeit aufhebt, festgehalten worden, ohne daß die geschichtlichen Umstände es nahelegten, diese Utopie als praktisches Ziel der Technikentwicklung systematisch zu verfolgen. Erst die moderne Welt der bürgerlichen Gesellschaft hat eine neue rechtliche Ordnung und gesellschaftliche Organisation der Arbeit heraufgeführt, in welcher mit der Stellung zur Arbeit zugleich die Stellung des Menschen zur Technik vom Grund auf verwandelt wurde. Der antiken Gesellschaft galt der Sklave selbst als Werkzeug, als Sache; in der Neuzeit dagegen soll jeder Mensch als Rechtssubjekt sich der Technik zur Arbeitserleichterung und Bedürfnisbefriedigung bedienen können. Erst mit der formellen Freiheit der Arbeit, die darin besteht, daß jeder als Eigentümer seiner Arbeitskraft gilt, wird die Möglichkeit des Einsatzes der Technik, also der Arbeitsersparung universal. Umgekehrt bewirkt der Fortschritt der Technik eine ungeahnte Ausweitung der Beschäftigungsmöglichkeiten – Technik spart und schafft Arbeit zugleich.

Im Prozeß der Universalisierung der Technik wächst auch die Erwartung an die Wissenschaft, daß sie die technische Perfektion der Arbeit steigern und ihren rationellen Einsatz steuern könne. Die Utopie der Technik wird zu einem praktischen Ziel gesellschaftlicher Entwicklung. Karl Marx konnte daher vor mehr als 100 Jahren schreiben: »In dem Maße aber, wie die große Industrie sich entwickelt, wird die Schöpfung des wirklichen Reichtums abhängig weniger von der Arbeitszeit und dem Quantum angewandter Arbeit, als von der Macht der Agentien, die während der Arbeitszeit in Bewegung gesetzt werden und die selbst wieder . . . in keinem Verhältnis steht zur unmittelbaren Arbeitszeit, die ihre Produktion kostet, sondern vielmehr abhängt vom allgemeinen Stand der Wissenschaft und dem Fortschritt der Technologie oder der Anwendung dieser Wissenschaft auf die Produktion.«[8] Technik, Wissenschaft und industrielle Arbeitsorganisation bilden danach die drei herausragenden Bedingungen der neuzeitlichen Zivilisation. Sie bestimmen zugleich den Handlungsrahmen aller modernen Technologiepolitik.

In dieser Konstellation ist in der Neuzeit jede neue Technologie als wissenschaftlich begründete und angeleitete, industriell organisierte und staatlich geförderte Technik zu verstehen. Damit aber sind die Grenzen einer früheren Auffassung gesprengt, nach der Technik lediglich als bewußt gewähltes *Mittel* zu politischen oder humanen Zwecken erschien. Technik, die nur ein Mittel zur Steigerung der Macht und der Erträge der Arbeit ist, ist dem Handwerkszeug ähnlich. Sie hat die Unschuld der Mittel gegenüber den vielfältigen Zwecken, ihren Anwendungsmöglichkeiten. Zwar diente »die Technik . . . stets, um leben zu helfen und sterben zu machen«[9], aber sie selbst gilt darin als neutral gegenüber widerstreitenden Zwekken. Diese Neutralität ermöglicht nicht nur, Technik rational zu kontrollieren, sondern prinzipiell auch auf sie zu verzichten, insofern Technik als Mittel menschlichen Entscheidungen untergeordnet bleibt.

Demgegenüber ist für die moderne technisch-wissenschaftliche Zivilisation charakteristisch, daß sie im globalen Maßstab auf Gedeih und Verderb gezwungen ist, die Verfügbarkeit und Sicherheit technischer Funktionen dauerhaft zu gewährleisten.

Wenn technische Einrichtungen wie z. B. das öffentliche Stromverbundnetz ausfallen, sind unmittelbar lebenswichtige Funktionen der modernen Gesellschaft blockiert: Funktionen des Wohnens, der Ernährung, des Transports und der Kommunikation sind ebenso gefährdet wie die allgemeine Sicherstellung der Funktionserfüllung. Von der früheren Bestimmung, nur ein Mittel zu frei gewählten Zwecken zu sein, hat sich die moderne Technik längst emanzipiert. Sie ist zu einer Gestalt ausgeformt worden, deren Erhaltung ein ehernes Gesetz unserer Zivilisation geworden ist.[10] Nicht einmal eine Unaufmerksamkeit, deren Rechtstitel »menschliches Versagen« heißt, kann gegenüber den Imperativen der technischen Funktionssicherheit eingeräumt werden, insofern heute z. B. eine wirklich gefahrlose Beherrschung der Kerntechnik voraussetzt, daß der menschliche Unsicherheitsfaktor auf Dauer und erfolgreich ausgeschaltet werden kann. Hier wird die Utopie der Technik, das automatische Funktionieren, zur schlichten Überlebensnotwendigkeit. – Es ist jedoch unmöglich, diesen Automaten herzustellen. Der sachliche Zusammenhang technischer Strukturen mit den Strukturen der Lebenswelt ist definitiv nicht zu lösen und daher ebensowenig wie die Lebenswelt selbst automatisch zu regulieren. Jede Technik, die von Menschen ersonnen und verwirklicht wird, kann, ausgehend von den Momenten ihrer Konstruktion, ebenfalls von Menschen gestört, beschädigt und vernichtet werden. Es gibt keine automatischen Sicherheitseinrichtungen, welche der Utopie einer autonomen Technik entsprechen würden, die nicht von demjenigen, der über die Kenntnisse des Erbauers verfügt, außer Funktion gesetzt werden könnten. Deshalb ist heute die Utopie einer sozialen Kontextfreiheit von Technik auf die Funktion be-

schränkt, Motiv für immer neue Anstrengungen zu technischen Verbesserungen darzustellen.
Wie wenig derartige Erwägungen am Ausgangspunkt der Entwicklung neuer Technologien stehen, zeigt der Umgang mit der Kerntechnik. Wie soll man, um ein einfaches Beispiel zu nennen, begreifen, warum es mehr als 20 Jahre der seit nunmehr 25 Jahren betriebenen Vorbereitung des Baues von Kernkraftwerken gedauert hat, bevor sich Techniker auf breiter Front und systematisch der Probleme der Entsorgung von Kernkraftwerken, der Wiederaufarbeitung der Brennstoffe, der Endlagerung des nuklearen Abfalls und des Abbaus von kerntechnischen Anlagen angenommen haben? Offensichtlich liegt in der neuzeitlichen Entwicklung der Technologie eine Tendenz, alles Interesse auf die Fragen der Herstellbarkeit und Funktionstüchtigkeit zu lenken. Es käme aber darauf an, die politische Verantwortung auf Fragen der Kontrolle, auch der ungeplanten, zeitlich noch sehr fernen möglichen Folgen neuer Technologien zu konzentrieren. Das Zeitalter des Laissez-faire in der Technologiepolitik ist unwiderruflich dahin.

II.

Jede moderne Technologie braucht zu ihrer Entstehung eine politisch und ökonomisch unterstützte wissenschaftliche Vorbereitung von erheblichem Umfang. Entsprechende Projekte z. B. der elektronischen Datenverarbeitung oder der Silicium-Technologie rechnen mit einer Laufzeit von ca. 30 Jahren und einem Aufwand von vielen Milliarden DM.[11] Die Entstehung typischer Großvorhaben der Raumfahrttechnologie oder der Kerntechnologie hat die Strukturen gesellschaftlicher Forschung revolutioniert: Hier entstanden zum erstenmal Großforschungszentren, deren Arbeitsweise eine Kombination von wissenschaftlichen, administrativen und industrieförmigen produktiven Tätigkeiten darstellt.[12]

Wie die Entwicklung neuer, so kann auch die Einführung erprobter Technologien in gesellschaftliche Verhältnisse in ihrem Bereich revolutionäre Wirkungen haben. Das ist dort evident, wo Technologien in Massenprodukte ausmünden – beim Auto, Telefon, Fernsehen – Gütern also, die je für sich Lebensgewohnheiten von Millionen von Menschen tiefgreifend umgestalten. Aber auch solche Technologien, die lediglich den Produktionsprozeß entwickeln und somit nur in Arbeitsorganisationen wirksam werden, haben revolutionäre Effekte. Das gilt nicht nur für so dramatische Prozesse wie die durch die Erfindung der Webmaschine bewirkte Vernichtung der handwerklichen Webkunst im letzten Jahrhundert oder die, in ihren Folgen sozialstaatlich abgemilderte, gegenwärtige Verdrängung der traditionellen Uhrenmanufakturen durch die Produktion der Digitaluhren. Auch dort, wo lediglich kleinere Rationalisierungstechniken in den Produktionsprozeß eingeführt werden, summieren sich deren Wirkungen. Ob es um einen rascheren Fluß von Informationen, um die Vermehrung der Gleichförmigkeit von Arbeitsabläufen oder einfach um die wachsende Geschwindigkeit von Prozessen geht – immer wachsen einseitige Belastungen des Arbeitenden an, oft bei gleichzeitiger Entlastung von schweren körperlichen Tätigkeiten. Ein neuer Typus von Arbeiter und ein neuer Typus von Arbeitskrankheiten, am augenfälligsten in der Ausbreitung von Streß, sind die entsprechenden sozialen Folgen.[13]

Schließlich haben selbst jene Technologien zunächst meist verborgene strukturverändernde gesellschaftliche Folgen, die lediglich bekannte, aber unrentable Technologien ersetzen. So hat auf dem Gebiet der Energiegewinnung in der BRD die Ersetzung der Kohletechnologie durch die Öltechnologie nur so lange harmlose Züge gezeigt, wie verdrängt blieb, daß die außenpolitische Abhängigkeit, und damit die zumindest ökonomische Erpreßbarkeit der Bundesrepublik, enorm zugenommen haben. Ebensowenig handelt es sich bei der Kerntechnologie, die ihrerseits Öl und Kohle in der Energieerzeugung ersetzen soll, lediglich um eine innertechnologische graduelle Verbesserung, wie an der Vielfalt gesellschaftlicher Folgewirkungen allgemein sichtbar geworden ist.

Heute sind die Möglichkeit und das Auftreten solcher unvorhergesehenen Spät- und Nebenfolgen der Einführung neuer Technologien einer breiten Öffentlichkeit vertraut. Der naive Glaube, eine neue Technologie bedeute lediglich eine Verbesserung im einzelnen und damit schon einen Gewinn im ganzen, gehört der Vergangenheit an. Das gegenwärtige Problem besteht deshalb darin, wie eine künftige Einbettung neuer Technologien realistisch und rational im Planungsprozeß berücksichtigt werden kann.

Für eine Stellungnahme zu dieser Frage müssen zunächst zwei Grundannahmen geklärt werden, die in den Versuchen einer rationalen Einbettung von Technologien in gesellschaftliche Verhältnisse stecken. Diese Annahmen beziehen sich einerseits auf das Verhältnis von technischen und sozialen Strukturen und andererseits auf deren politische Steuerbarkeit.

Nach den Erfahrungen aus 200 Jahren moderner Technikgeschichte kann nicht mehr davon ausgegangen werden, daß die Strukturen der Technik zum einen und die Strukturen gesellschaftlicher Prozesse zum anderen konvergieren oder gar harmonieren. Einfach gesagt: die Verbesserung der Technik erleichtert nicht automatisch das Leben, vermehrt nicht notwendig das Glück der Betroffenen. Technik und technische Effizienz beruhen darauf, einzelne, für sich beherrschbare Elemente zu isolieren und in einen neuen Zusammenhang einzuführen, der vollständig von außen steuerbar ist. Damit steht die Technik nicht nur im Gegensatz zum organischen Leben, das auf Selbststeuerungsprozessen beruht, sondern erst recht zu menschlichen und gesellschaftlichen Verhältnissen, die durch kommunikative Prozesse begründet und beeinflußt werden. Jeder Umgang schon mit organischen und erst recht mit individuellen und gesellschaftlichen Verhältnissen erfordert eine Berücksichtigung der Eigensteuerung dieser Verhältnisse. Davon sind Techniken unabhängig. Technik befreit von der Rücksicht auf das Selbstsein des anderen. Diese Unabhängigkeit macht die Faszination des Technischen aus. Während Technik von der Berücksichtigung organischer und kommunikativer Kontexte entlastet, geschieht die Teilnahme an gesellschaftlichen Prozessen dagegen durch Übernahme von Verantwortung. Der in gesellschaftlichen Verhältnissen Handelnde muß sich in soziale und kommunikative Abhängigkeiten hineinbegeben und einbeziehen lassen. Mit einem Wort gesagt: Technik entlastet, Sozialität fordert Verantwortung. Das Problem der gesellschaftlichen Einbettung der Technologie lautet dann so: *Die durch die Technik mögliche Entlastung von Verantwortung ist nur so lange rational, als sie in die gesellschaftliche Verantwortung für technische Entlastung einbezogen werden kann.*

Damit ist schon vorgegriffen auf die zweite Voraussetzung, die in der Frage nach einer vernünftigen gesellschaftlichen Einbettung von Technologien liegt. Es zeigt sich nämlich längst, daß die Einführung von Technologien nicht mehr allein auf Privatinitiative gegründet und damit quasi als ein Naturprodukt des menschlichen Erfindungsgeistes angesehen werden kann, sondern als ein Prozeß begriffen werden muß, der durch gesellschaftliche (ökonomische, politische und wissenschaftliche) Maßnahmen vorbereitet und unterhalten wird. Das ist am Beispiel der friedlichen Nutzung von Atomenergie gut aufzuzeigen.[14] Die jahrelange Zusammenarbeit eines relativ kleinen Kreises von Kernphysikern, Wissenschaftspolitikern und Vertretern der Industrie hat schließlich zu der vielleicht folgenschwersten Entscheidung gegenwärtiger Technologiepolitik geführt, zu der großtechnischen Einführung der Kernenergie. Es sind gesellschaftliche Entscheidungen, d. h. immer: eine Auswahl aus Alternativen, die die Einführung einer Technologie vorbereiten. Von gesellschaftlichen und speziell politischen Entscheidungen erwartet man aber eine darstellbare Rationalität, die umfassenderen Kriterien genügen muß, als den Nachweis einer hinreichenden technischen Sicherheit und betriebswirtschaftlichen Zweckmäßigkeit. Von den Politikern wird verlangt, daß sie die von ihnen in Gang gesetzten Prozesse und deren Folgen auch weiterhin beherrschen und steuern können. Ausgehend von der Annahme einer Disharmonie zwischen technischen und sozialen Strukturen muß deshalb die Kernfrage an die Qualität der politischen Steuerung darin gesehen werden, wie die notwendige wechselseitige Anpassung technischer und sozialer Strukturen ohne schwerwiegende Störung der Sozialstruktur vollziehbar ist.

III.

Die Versuche der politischen Steuerung technologischer Entwicklungen haben in der Bundesrepublik ein Zentrum im Bundesministerium für Forschung und Technologie, das aus dem ehemaligen Atomministerium hervorgegangen ist. Die Notwendigkeit einer staatlichen Förderung von Forschung und Entwicklung zur Vorbereitung neuer Technologien findet heute allgemeine Zustimmung. Der erhebliche Aufwand öffentlicher Mittel [15] ist als solcher politisch nicht kontrovers. Auch die Aufteilung der Mittel zugunsten der Förderung einer breiten Grundlagenforschung einerseits und einer schwerpunktartigen Förderung angewandter Forschung und Entwicklung andererseits findet Zustimmung. Maßgebliche Kriterien für die Auswahl eines Schwerpunktes der Forschungsförderung sind heute in der Regel die zu erwartenden technologischen Innovationen und ihre industrielle Verwertbarkeit. Um die Stellung der Bundesrepublik im Welthandel und die Sicherung industrieller Arbeitsplätze zu erhalten, müssen, wie Volker Hauff, Bundesminister für Forschung und Technologie, schreibt, »gezielt Industrien aufgebaut werden, die auf eine Verbesserung der Lebensqualität, auf Schonung der Umwelt und Sicherung der Vorräte zielen. Die Erschließung aller Energiequellen und energiesparender Verfahrensweisen, die Erschließung neuer Rohstoffquellen und die Wiederaufbereitung von Abfallstoffen, Umweltschutz, öffentliche Verkehrs- und Kommunikationssysteme, Technologien im Dienste der Gesundheit, Technologietransfer in Entwicklungsländer werden eine viel höhere Bedeutung als bisher erlangen«.[16] Auch diese vernünftig klingende Auswahl förderungswürdiger Technologieprojekte ist freilich in den Streit um die sog. Forschungsprioritäten einbezogen. Dieser Streit hat einen rationalen Gehalt darin, daß bei der Struktur gegenwärtiger Forschung durch die Förderung bestimmter Projekte ganze Wissenschaftszweige aufblühen, während andere, vielleicht aussichtsreichere, vernachlässigt werden. Prioritäten setzen heißt, Posterioritäten setzen; und das bedeutet, bewußt oder unbewußt Verzicht zu üben. Die Notwendigkeit des Verzichts vor Augen könnte das Risiko von Fehlentscheidungen allenfalls durch internationale Arbeitsteilung in Forschungsfragen verringert werden, deren Chancen jedoch, wie nicht zuletzt das Projekt eines Fusionsreaktors, das sog. Jet-Projekt, zeigt, als relativ gering einzuschätzen sind.

Die politische Vorbereitung neuer Technologien wird von dem Bewußtsein getragen, daß Forschungspolitik und insbesondere Technologiepolitik den Charakter einer zukunftsbestimmenden gesellschaftlichen Strukturpolitik haben. Jedoch werden aus dieser an sich richtigen Einsicht in der forschungspolitischen Diskussion und mehr noch in der Realität der Projektförderung immer noch keine hinreichend konkreten Folgerungen für die Einbettung von Technologien in den sozialen Lebensprozeß der Gesellschaft gezogen.

Politisch notwendig ist zunächst, die Aufmerksamkeit für Nebenerscheinungen und Folgewirkungen technischer Entwicklungen erheblich zu erweitern. Dies ist selbst nur durch Forschungen möglich, allerdings nicht durch technische, sondern durch ökonomische, soziologische und psychologische Studien. Die Gefahr ist aber nicht gering, daß solche Studien folgenlos bleiben und lediglich als ein eher lästiges Anhängsel der Entwicklung erfolgversprechender neuer Technologien betrachtet werden. Das ist nur dann zu vermeiden, wenn politische Instanzen frühzeitig die Ergebnisse solcher Studien in ihre Überlegungen und Entscheidungen einbeziehen. Dazu bedarf es mehr als gelegentlicher Hearings im Parlament.

Politiker können die Kontrolle über die künftige Technologiepolitik, die sie jetzt in einem erschreckenden Umfang den Gerichten überlassen müssen, nur zurückgewinnen, wenn sie feste politische Einrichtungen und entsprechende Verantwortlichkeiten schaffen. Allein im politischen Rahmen und nicht vor den Gerichten läßt sich in genügender Breite über Nutzen und Nachteil neuer Technologien diskutieren, können insbesondere Konsequenzen einer Technologie ausreichend bedacht werden, die sich auf die Erschöpfung der Naturvorräte, die irreparable Schädigung der Umwelt, auf das Nutzloswerden traditioneller Berufe und die Notwendigkeit hochtechnisierter neuer Ausbildungen sowie auf die Gesamtstruktur des Arbeitsmarktes beziehen.

Eine rationale Diskussion künftiger Technologiepolitik wird die möglichen und absehbaren Neben- und Folgewirkungen neuer Technologien, denen das berechtigte wachsende Mißtrauen der Medien und einer kritischen Öffentlichkeit gilt, ebenso ernst nehmen wie die weiterhin faszinierende Möglichkeit der Technik, mit immer geringerem Aufwand immer größere Wirkungen zu erzielen.

Anmerkungen

1 Vgl. Albrecht Timm: Kleine Geschichte der Technologie. Stuttgart (Kohlhammer) 1964, S. 43ff; vgl. auch: Neue Deutsche Bibliographie, Bd. 1, 1953, S. 727f.

2 Beckmann hatte Naturwissenschaften und Ökonomie studiert und lehrte seit 1766 an der Universität Göttingen Philosophie, vor allem aber Ökonomie. Er vereinigte technisches Wissen sowohl im Bereich der Landwirtschaft als auch von Bergbau und Metallurgie mit den Kenntnissen der Kameralistik; vgl.: Meyers Konversationslexikon, 5. Aufl., Bd. 2, 1894, S. 663.

3 Zum Folgenden vgl. Georg Picht: Technik und Überlieferung. Die Überlieferung der Technik, die Autonomie der Vernunft, und die Freiheit des Menschen. Hamburg (Furche) 1959.

4 Pol. 1253b 35.

5 Vgl. Günter Howe: Technik und Freiheit (1961). In: ders.: Die Christenheit im Atomzeitalter. Vorträge und Studien. Stuttgart (Klett) 1970, S. 188–206 (191); vgl. auch: ders.: Gott und die Technik. Hamburg/Zürich (Furche-TVZ) 1971, passim.

6 Vgl. auch Hegels Bemerkungen in der Jenaer Realphilosophie von 1805/06, hrsg. v. Gerhard Göhler. Frankfurt/Berlin/Wien (Ullstein) 1974, S. 220: »Es ist in das Werkzeug auch eigene Tätigkeit zu legen, es zu einem selbsttätigen zu machen.« Und S. 234: »Aber je abstrakter sie (sc. die Arbeit) wird, desto mehr ist er nur die abstrakte Tätigkeit und dadurch ist er imstande, sich aus der Arbeit herauszuziehen und an die Stelle seiner Tätigkeit die der äußeren Natur zu substituieren. Er braucht bloße Bewegung, und diese findet er in der äußeren Natur, . . . – die abstrakte äußere Tätigkeit, *Maschine.*«

7 Vgl. Picht, a. a. O., S. 13ff.

8 Grundrisse der Kritik der Politischen Ökonomie (Rohentwurf), Berlin (Dietz) 1953, S. 592.

9 Arnold Gehlen: Anthropologische Forschung, Reinbek bei Hamburg (Rowohlt) 1961, S. 93.

10 Vgl. auch Max Weber: Die Protestantische Ethik und der Geist des Kapitalismus (Gesammelte Aufsätze zur Religionssoziologie, Bd. 1), Tübingen (Mohr) 1920, S. 202ff.

11 Vgl. Volker Hauff: Wachstum – ja oder nein. Eine falsche Alternative. In: Frankfurter Hefte 31, 1976, Sonderheft Bundesrepublik, S. 97, 99f.

12 Vgl. dazu: Joachim Hirsch: Wissenschaftlich technischer Fortschritt und politisches System. Frankfurt (Suhrkamp) 1970; Derek J. Solla-Price: Little Science, Big Science, Frankfurt (Suhrkamp) 1974; Gotthard Bechmann/Horst Folkers: Politikberatung und Großforschung. Erlangen (Deutsche Gesellschaft für zeitgeschichtliche Fragen) 1977, bes. S. 60–82.

13 Vgl. Picht, a. a. O., S. 17ff.

14 Vgl. Hans-Joachim Bieber, in diesem Band, S. 19f.

15 Vgl. dazu die Bundesforschungsberichte I–V, Bonn 1965, 1967, 1969, 1972, 1975.

16 Volker Hauff, a. a. O., S. 98.

Energiesysteme und ihre Verwundbarkeit

A. M. Klaus Müller / Friedhelm Solms

Die komplizierten technischen Großsysteme, mit denen wir heute leben und wohl auch in Zukunft werden leben müssen, haben eines gemeinsam: sie sind, wie jedermann weiß, anfällig gegen Störungen. Da ist einmal das technische Versagen, verursacht durch Mängel bei der Konstruktion, dem Bau oder den verwendeten Materialien. Solche Ursachen, die die schon aus Kostengründen angestrebte hohe Betriebssicherheit eines technischen Systems beeinträchtigen können, lassen sich im allgemeinen durch einen entsprechenden Aufwand an Kontroll-, Prüf- und Meßverfahren weitgehend ausschalten. Die Entwicklung der Weltraumfahrt wird gerne als ein klassisches Beispiel dafür angeführt, wie weitgehend und mit welchem Erfolg man ein technisches System betriebssicher machen kann, und zwar auch dann, wenn man mögliche Risiken und Fehlerquellen mit einkalkulieren muß, die man aus der Erfahrung noch gar nicht kennt.

Eine weitere, gar nicht seltene Ursache für Störungen der Funktionssicherheit technischer Systeme aber ist der Mensch, der solche Systeme kontrollieren, steuern oder überwachen muß. Bedienungsfehler, die aus menschlichem Versagen resultieren, lassen sich selbst durch spezialisiertes Training nicht völlig ausschließen. Daher ist man heute weitgehend dazu übergegangen, die vom Menschen selbst ausgehenden Risiken für die Betriebssicherheit durch technische Kontrollsysteme zu ersetzen, die nach dem Prinzip kybernetischer Regelkreise konstruiert sind. Diese Systeme überwachen die Funktionsabläufe eines Systems mit Hilfe von vorgegebenen Sollwerten selbst und unterbrechen bei Störungen, ganz gleich welcher Ursache, sicherheitshalber den Betrieb. Die leitende Absicht dabei ist, den in einem präzisen Sinne unberechenbaren Faktor »Mensch« aus dem Funktionskreis technischer Systeme weitgehend herauszuhalten und seine Rolle auf den Entwurf solcher Systeme zu beschränken.

Diese »Sicherheitsphilosophie«, wie man in Fachkreisen nach angelsächsischem Vorbild gerne sagt, hat durch den großtechnischen Einsatz der Atomkernspaltung in Reaktoren eine zentrale Bedeutung bekommen. Sie hängt mit dem physikalischen Charakter des Prozesses zusammen, der in einem solchen Reaktor abläuft; denn was dort passiert, ist nichts anderes als eine im genauen Wortsinn gebremste, in ihrem zeitlichen Ablauf stark gestreckte Atomexplosion. Erst wenn man sich diesen Zusammenhang nüchtern und in allen seinen möglichen Implikationen und Konsequenzen vor Augen hält, werden Umfang, Präzision und Kompliziertheit der technischen Sicherheitseinrichtungen verständlich, die nach den Postulaten der gerade skizzierten »Sicherheitsphilosophie« erforderlich waren und sind, um die Störanfälligkeit des technischen Systems »Kernreaktor« auf einen möglichst niedrigen Wert herunterzudrücken. Die wissenschaftlichen und ingenieurmäßigen Leistungen, die dafür erbracht worden sind, verdienen hohe und uneingeschränkte Anerkennung; denn die Probleme, die sich hier stellen, sind in der Geschichte der Wissenschaft und Technik ohne Parallele, sieht man einmal von der erwähnten Weltraumfahrt ab. Nahezu alle Komponenten des Systems »Kernreaktor« müssen besonders sorgfältig gebaut und umfangreichen und vielfältigen Tests unterworfen werden. Die für das Bedienungspersonal und die Bevölkerung der Umgebung lebensnotwendige Forderung, die im Reaktor ablaufende Kettenreaktion auch bei einer technischen Störung jederzeit so unter Kontrolle zu behalten, daß sie nicht wie im Falle der Atombombe ihre verheerenden zerstörerischen Wirkungen entfaltet, macht darüber hinaus eine möglichst genaue Abschätzung des Grades an Wahrscheinlichkeit notwendig, mit dem jede technische Komponente des Systems trotz aller Sorgfalt theoretisch doch einmal versagen könnte. Erst nach einer solchen Risikoabschätzung auf der Basis der mathematischen Wahrscheinlichkeitsrechnung können die technischen Sicherheitsvorkehrungen konstruktiv entworfen werden, die den Reaktorbetrieb vor Unfällen mit katastrophalen Folgen schützen sollen. Nach menschlichem Ermessen, so wird daher gerne argumentiert, sei für die Betriebssicherheit der Reaktoren alles getan worden.

Die Grenzen und Schwächen dieses Konzepts, das in der öffentlichen Diskussion über Sicherheitsaspekte der Kernenergie meist stillschweigend vorausgesetzt wird, zeigen sich erst, wenn man seine Prämissen ins Auge faßt. Dazu ist es nützlich, sich die methodischen Schritte eines solchen Konzepts zu vergegenwärtigen.

Im allgemeinen werden zunächst die Wahrscheinlichkeiten für den Ausfall der technischen Einrichtungen an vorausbedachten Schadensverläufen sorgfältig kalkuliert und zueinander in Beziehung gesetzt. Das Risiko eines Störfalles und damit z. B. auch eines Schadens wird dann an der Größe solcher Wahrscheinlichkeiten gemessen. Sicherheit erscheint überzeugend dargelegt, wenn sich die Ausfallwahrscheinlichkeiten jeder Systemkomponente unabhängig von jeder anderen als verschwindend klein erweisen, wobei zum Vergleich das Risiko des »normalen Lebens« herangezogen wird. Dabei ist stets vorausgesetzt, daß absolute Sicherheit bei keiner Technik erreichbar ist, weil sich kein Wahrscheinlichkeitswert auf Null herabdrücken läßt. In einem reinen Maschinen-System ist dieses Verfahren trotzdem so korrekt, wie eine Risikoabschätzung nur sein kann. Kernkraftwerke lassen sich jedoch aus technischen Gründen nicht als reine Maschinen-Systeme entwerfen und bauen. Ihr sicheres Funktionieren hängt mit ab von gewissen Kontrollfunktionen, die von Bedienungsmannschaften wahrgenommen werden müssen. Durch diese Einbeziehung der Lebenswelt verschieben sich aber die systematischen Grundlagen für die Risikoabschätzung in signifikanter Weise. Wenn wir als Menschen nach der Zukunft unseres Daseins fragen, so fragen wir nicht nach der bedingten Wahrscheinlichkeit für diesen oder jenen vorausbedachten Verlauf von Ereignissen, sondern wir fragen nach der unbedingten Chance für das, was in der komplexen Wirklichkeit der Lebenswelt sich ereignen kann. Darin sind auch alle Ereignisse eingeschlossen, die unerwartet auf uns zukommen und die auch keine Phantasie sich vorher ausmalen kann. In einer Welt raschen gesellschaftlichen Wandels und voller tiefgreifender Konflikte kann sich auch das menschliche Sicherheitsverlangen nicht nur auf bedingte

Wahrscheinlichkeiten stützen, sondern muß nach unbedingten Wahrscheinlichkeiten Ausschau halten, wenn wir nicht unter dem Anschein der Zuverlässigkeit einem bloßen Glasperlenspiel der Begriffe anheimfallen wollen.

Damit aber stellt sich für die wahrscheinlichkeitstheoretische Vorhersage, gerade für den Fall verschwindend kleiner Wahrscheinlichkeiten, ein schier unlösbares Problem. Man muß sich nämlich nun einem eigentümlichen Argument stellen, das – obgleich schwer zu entkräften – gern beiseite geschoben wird: Was unerwartet passiert, wird in der Mehrzahl der Fälle auch sehr unwahrscheinlich sein, weil es sonst bereits rechtzeitig unsere Phantasie erregt hätte oder als Erfahrung vorlag. Unerwartet sind aber zahlreiche erstmalige Ereignisse auf dem noch relativ jungen Kernenergiesektor. Indem nun eine wirksame Absicherung gegen einen vorausbedachten Schadensverlauf technisch installiert wird, erreicht man gerade, daß dieser Schadensverlauf so unwahrscheinlich gemacht wird wie vieles andere, was unerwartet sowieso eintreten könnte. Ja, man muß sogar vermuten, daß die Summe dessen, was man nicht vorausbedacht hat, mit der größeren Chance des Eintretens ausgestattet ist, weil dagegen die Sicherheitseinrichtungen nicht spezifisch ausgerichtet werden konnten. Der Sieg durch wahrscheinlichkeitsgestützte Absicherung ist also in Wahrheit ein Pyrrhussieg. Er erzeugt ein Unwissen darüber, ob das Einkalkulierte oder etwas Unkalkuliertes zuerst eintreten wird. Zugleich lenkt er durch die Angabe der bedingten Wahrscheinlichkeit den Blick vom unbedingten Risiko ab; denn dieses wahrscheinlichkeitstheoretisch zu erfassen, ist prinzipiell unmöglich, weil es für Vergessenes keine angebbaren Wahrscheinlichkeiten geben kann. Wer sich im Bereich der Risikoeinschätzung auf die Angabe sehr kleiner Wahrscheinlichkeitswerte verläßt, gleicht deshalb einem Kunden, der sich zum Kauf einer »einbruchssicheren« Geldkassette überreden läßt, in der Bewunderung über die gediegene Arbeit aber nicht bedenkt, daß ein Einbrecher die Kassette einfach mitnehmen könnte.

Beispiele für diesen fatalen Sachverhalt gibt es auf dem Kernenergiesektor mehr als genug. So haben zwar bisher die

Abschalteinrichtungen für Brennstäbe im Normalbetrieb das in sie gesetzte Vertrauen praktisch voll gerechtfertigt. Hingegen ist es bei Reparaturen an einem amerikanischen Reaktor vorgekommen, daß Monteure bei einer improvisierten Handregulierung nicht rasch genug reagierten und dadurch ein schwerer Unfall mit Todesfolgen und radioaktiver Verseuchung des Reaktorgeländes ausgelöst wurde. Ebenfalls aus den USA bekannt geworden ist der Fall, daß Undichtigkeiten gegen den im Reaktorgehäuse erzeugten Unterdruck mit Hilfe einer offenen Kerzenflamme festgestellt und mit leicht entflammbarem Material abgedichtet wurden, was zu einem mehrstündigen Kabelbrand mit Ausfall der elektronischen Kontrollsysteme des Reaktors führte. In beiden Fällen hatte sich niemand im voraus den Verlauf des wirklichen Unfalls realistisch genug ausgemalt, um darauf mit Vorbedacht reagieren zu können. Zwar wird wohl keines dieser beiden Ereignisse die Sicherheitsstrategen ein zweites Mal ähnlich unvorbereitet treffen. Aber man darf wetten, daß die Fachleute sich immer wieder neuen Überraschungen gegenüber sehen werden, für die sie dann erst im nachhinein die entsprechenden vorbeugenden Maßnahmen entwerfen und einführen. Jeder ähnlich unvorhersehbare Unfall aber trägt den Keim zu einer großen Katastrophe in sich.

Diese Kritik an der Risikoabschätzung auf der Basis bedingter Wahrscheinlichkeiten setzt nicht ein bei den Schwächen, sondern bei den Stärken der einschlägigen Sicherheitsstrategie. Nicht weil die bedingten Risiken so ungenau, sondern weil sie so genau berechnet sind und sich als sehr klein erweisen, läuft das darauf sich stützende Sicherheitsargument ins Leere. Die Einführung sensitiver Großtechniken erschiene um vieles tragbarer, wenn es nicht diese mit der Stärke sicherheitstechnischer Argumente gekoppelte Verwundbarkeit solcher Systeme gäbe. Das betrifft nicht nur den Bereich begrenzter Voraussicht der Wissenschaft, sondern auch gesellschaftliche Mechanismen, die – von der erreichten Sicherheitsperfektion erst einmal angestoßen – leicht auf die zu schützenden sensitiven Einrichtungen zurückschlagen können.

Ein solcher Rückkopplungseffekt sei hier kurz in einem

dreiphasigen Szenario angedeutet. In der ersten Phase wird, dem Erwartungsdruck der Öffentlichkeit entsprechend, die technische Sicherheit im Nuklearbereich so perfekt und vollständig wie möglich installiert. Je überzeugender dies gelingt, desto deutlicher wird jedoch die Unberechenbarkeit des menschlichen Handelns als die große, noch verbleibende Herausforderung empfunden werden. In dem Bemühen, auch diese Grauzone für unliebsame Überraschungen noch zu beseitigen, wird man versuchen, das technisch so erfolgreiche Verfahren in seinen theoretischen Grundzügen auch auf den seelisch-geistigen Bereich der für die Kernenergie tätigen Bürger zu übertragen. Was bedeutet das?

Dazu müssen wir uns neben den Grundzügen der »Sicherheitsphilosophie« auch die Grundidee der heutigen Sicherheitstechnik vergegenwärtigen. Sie lautet: Ein Unfall muß zu einem extrem seltenen Ereignis gemacht werden, indem man dafür Sorge trägt, daß er sich nur bei gleichzeitigem Eintreten sehr vieler, an sich schon seltener Vorfälle ereignen kann. Nur dann nämlich hat man die Logik der Wahrscheinlichkeitstheorie auf seiner Seite. Ein Beispiel: Würfelt jemand mit einem einzigen Würfel, so ist die Chance, eine Sechs zu würfeln, 1:6 oder etwa 17%; mit vier Würfeln gleichzeitig nur Sechsen zu würfeln, kommt aber nur noch mit der Wahrscheinlichkeit von $1:6^4$, d. h. in etwa 0,08% der Fälle vor.

Technisch realisiert wird dieses Konzept in einer gestaffelten Anordnung von Aggregaten, die sich im Ernstfall wechselseitig vertreten können. So steht etwa zur elektrischen Versorgung der Kontrollsysteme für jeden ausfallenden Notstromgenerator ein weiterer bereit, der beim Ausfallen des ersten Aggregats sofort anspringt. Daß sämtliche Generatoren zugleich ausfallen, ist dann so extrem unwahrscheinlich, daß die geschilderte doppelte Auslegung nach den Prämissen der erwähnten »Sicherheitsphilosophie« als technisch sicher gilt. Eine wichtige Voraussetzung ist allerdings, daß die einzelnen Störfälle – wie beim Würfeln – in keinem inneren Zusammenhang miteinander stehen. Technisch wird dies durch die Entkoppelung möglicher Störeinflüsse auf die einzelnen Aggregate erreicht. Man erreicht dadurch die wahrscheinlichkeitstheoretisch zu fordernde Unabhängigkeit der einzelnen Vorfälle, die zum Eingreifen nötigen.

Diese Unabhängigkeitsbedingung läßt sich jedoch durch vorsätzliches Handeln leicht durchbrechen. Wird z. B. die Halle, in der solche Notstromaggregate stehen, durch eine größere Sprengladung vernichtet, so ist die durch die doppelte Auslegung installierte »Logik der Redundanz« durch die dann übergeordnete »Logik des Vorsatzes« außer Kraft gesetzt, und sämtliche allein auf die Technologie abgestellten und auf dieser Basis kalkulierten Ausfallwahrscheinlichkeiten sind mit einem Schlage hinfällig. Da also die Unabhängigkeit des Funktionierens, die einen Unfall unwahrscheinlich macht, durch menschlichen Vorsatz zerstört werden kann, liegt es nahe, den Spieß umzudrehen und gegen solche Möglichkeiten subversiver Angriffe rechtzeitig ebenfalls Unabhängigkeit zu mobilisieren, also Entkopplung in den Vorsatz zu einem solchen Angriff hineinzutragen, um ihn dadurch unwahrscheinlicher zu machen. »Entkopplung« in der Lebenswelt bedeutet aber in erster Linie, zwischenmenschliche Kommunikationswege wirksam zu unterbrechen.

In der Konsequenz einer solchen Übertragung der Sicherheitsstrategie läge es dann zum Beispiel, mit dem technischen Unabhängigkeitsaxiom das Zusammenrottungsverbot des alten Obrigkeitsstaates in der einen oder anderen Weise neu zu rechtfertigen. Für das Forschungs- und Bedienungspersonal im Bereich nuklearer Energiesysteme etwa wäre eine permanente, mit höchster Effizienz zu handhabende Kontrolle von Lebensstil und Gesinnung unumgänglich. Damit jedoch gerät die »Sicherheitsphilosophie« in Kollision mit den Prinzipien des liberalen Rechtsstaates. Es stellt sich dann über kurz oder lang die Frage, ob die Option für maximale Sicherheit, die das Votum für die Kernenergie allein erträglich erscheinen läßt, überhaupt noch mit der Option für die rechtlichen Garantien des Grundgesetzes und einer darauf gestützten politischen Praxis verträglich bleibt.

Aus dem fachlich wie politisch zuverlässigen Nuklearexperten würde so jedenfalls sehr bald ein frustrierter Bürger, von dem die bisher als selbstverständlich vorausgesetzte Loyalität zu Staat und Gesellschaft nicht mehr ausnahmslos zu erwarten wäre. Die Anreicherungsphase an technisch produzierter Sicherheit fände dann ihre Fortsetzung in einer zweiten Phase administrativ produzierten Aufbegehrens. Die angestrebte Entkopplung der Kommunikation müßte die freimütige Diskussion einer solchen Situation eher verhindern als fördern. Hinzu käme die Sorge, der Diskutant könnte sogleich mit »Systemzerstörern« in einen Topf geworfen werden und dabei mindestens seinen Arbeitsplatz verlieren.

Die sich ausbreitende Verdrossenheit über eine solche als diskriminierend empfundene Lage dürfte schließlich bei einer Minderheit zu überspitzten Reaktionen führen. In einer dritten, »überkritischen« Phase könnte es dann bei einigen im Kernenergiebereich tätigen Menschen aus Verzweiflung zu einem Umschlag in die Entschlossenheit kommen, subversiv zu handeln. In einem solchen Falle stünde der Bundesrepublik Deutschland ein Bündnis zwischen Expertenwissen und Terrorismus ins Haus. In der Figur des Anarcho-Experten sähen sich die Infrastruktursysteme auf dem Energiesektor einem Gegner gegenüber, der regelkreisartige Absicherungen fachmännisch so zu manipulieren verstünde, daß die technischen Einrichtungen ihren eigenen Ausfall nicht nur nicht verhindern, sondern ihn sogar beschleunigt produzieren. Was bei New Yorks zweitem »blackout« an chaotischen Verhältnissen noch durch Zufall ausgelöst wurde, könnte so von interessierter Seite in letzter Konsequenz ins strategische Kalkül einer technologiegestützten Systemzerstörung einbezogen werden.

Neben diesen radikalen Konsequenzen kann die auf solche Weise verminderte oder ganz weggefallene Loyalität kerntechnischer Experten Entwicklungen fördern, von denen anerkannte amerikanische Fachleute befürchten, daß sie ohnehin auf lange Sicht nicht zu verhindern seien. Stärker noch als fehlende könnte schwindende Loyalität den Nuklearexperten anfällig machen sowohl für Erpressung als auch für Korruption. Beides würde dazu beitragen, das zu beschleunigen, was jene amerikanischen Regierungsberater fürchten: die allmähliche Entstehung eines Schwarzen Marktes sowohl für waffenfähiges spaltbares Material als auch für technisches Know-how zum

Bau atomarer Sprengsätze. Es gibt ernstzunehmende Indizien dafür, daß sowohl der internationale Terrorismus als auch internationale Verbrechersyndikate aus je verschiedenen Interessen, aber mit zumindest vergleichbaren Methoden bereits das Terrain sondieren. Unterhalb der staatlichen Ebene und unerreichbar selbst für eine verschärfte Anwendung der internationalen Abkommen über die Kontrolle des spaltbaren Materials für friedliche Zwecke könnte so eine transnationale Struktur entstehen, die über erpreßte, gekaufte oder aus eigener politischer oder ideologischer Überzeugung tätige Mittelsmänner in kerntechnischen Anlagen Zugriff auf waffenfähiges spaltbares Material hat oder durch Insider-Information in der Lage wäre, sich diesen Zugriff zu verschaffen. Daß die bisher bekannt gewordenen Fälle von Erpressung, bei denen mit der Zündung eines atomaren Sprengsatzes gedroht wurde, ausnahmslos Bluff waren, ist unter solchen Perspektiven alles andere als eine Beruhigung. In einem besonders ernst aussehenden Fall wollte selbst die amerikanische Atomenergiebehörde nicht definitiv ausschließen, daß der hochexplosive atomare Sprengstoff aus einer ihrer Anlagen entwendet sein könnte, möglicherweise über längere Zeiträume hinweg in kleinen, auch bei hohem Kontrollaufwand nur schwer entdeckbaren Mengen.

Fassen wir unsere Überlegungen, die sich nur mit ein paar exemplarischen Aspekten der vielschichtigen, aber meist einseitig oder verkürzt dargestellten Problematik beschäftigen konnten, in ein paar allgemein formulierte Bemerkungen zusammen: Heutige Sicherheitstechnik hat zwei gefährliche Enden. Verwundbarkeit besteht nicht nur bei mangelnder Absicherung, sondern auch bei zu weit getriebenen Sicherheitsvorkehrungen. Dann nämlich produziert der Sicherheitsperfektionismus sozialpathologisches Fehlverhalten, das alle technisch errichteten Dämme gezielt wieder durchstoßen kann. Erneut wird deutlich, daß zu weit getriebene Stärke sich unversehens in uneingestandene Schwäche verwandeln kann. Weil das so ist, dürfen wir uns den Axiomen der heute einschlägigen »Sicherheitsphilosophie«, wie sie auch allen in der Bundesrepublik Deutschland erstellten Gutachten über Reaktorsicherheit zugrunde liegt, auf Dauer nicht anvertrauen. Wichtiger ist es vielmehr, eine Fülle von Fallstudien zu erstellen, die weit in den gesellschaftlichen Bereich hineinreichen. Sie müßten die sozialen Konsequenzen aufzeigen und analysieren, die sich mit Notwendigkeit schon aus den beim Wort genommenen Postulaten der geltenden »Sicherheitsphilosophie« ergeben, und die hier eher nur nebenbei an der hohen Anfälligkeit der Kernenergie für Sabotage- und Terrorakte skizziert werden konnten. Nur so können sich Experten wie Laien die notwendige Einsicht für die allenthalben noch bestehenden Defizite der heute herrschenden Risikoeinschätzung verschaffen.

Solange keine integrierte Einschätzung auch des gesellschaftlichen Risikos der Kernenergie in Sicht ist, bleibt der Aufbau einer auf Plutonium gestützten Kernenergiewirtschaft ein Vabanquespiel, bei dem offen ist, ob der Rechtsstaat oder der Terrorismus den größeren Gewinn davonträgt. Das gilt auch für andere gegenüber Sabotage empfindliche Großtechniken wie etwa für die projektierten Fernwärmenetze mit ihren weitverzweigten Rohrleitungssystemen. Die Wachstumsgesellschaft steht vor der Aufgabe, angesichts der sich verschärfenden gesellschaftlichen Spannungen ihr künftiges Wachstum auch auf diejenigen Sicherheitsrisiken zu überprüfen, die sich aus der Verwundbarkeit derjenigen sensitiven technischen Systeme ergeben, auf die sie bei der Fortführung des bisherigen Trends zwingend angewiesen sein wird. Die Sensitivität wird hierbei angesichts der Möglichkeiten des Terrorismus auch im konventionellen Bereich neu zu definieren sein. Die im Kleinverbrauchsbereich erzeugte Sonnenenergie wäre in dieser Hinsicht eine besonders günstige Alternative, weil ihre Verwundbarkeit unter den hier diskutierten Kriterien am geringsten ist. Die sich ausweitende Terrorismusszene zwingt dazu, diesen Aspekt stärker als bisher in den Blickpunkt der energiepolitischen Auseinandersetzung zu rücken.

Sicherheit der Energieversorgung

Wolfgang Hager

Verfolgt man die energiepolitischen Debatten in der Bundesrepublik und in unseren europäischen Nachbarländern, könnte man den Eindruck gewinnen, als wären die außenpolitischen und die außenwirtschaftlichen Rahmenbedingungen ein nur zweitrangiges Problem. Man streitet sich über die Kernenergie, also um ein Zwanzigstel oder bestenfalls ein Zehntel unserer künftigen Energieversorgung, und behandelt den weitaus wichtigeren Energieträger, das Erdöl, nur am Rande. In unserer auf die Atomenergie verengten Energiedebatte weist zwar die Bundesregierung zuweilen auf die unsichere Versorgung mit Erdöl hin, die es abzubauen gelte. Auf dieser vereinfachten Diskussionsebene haben jedoch die Kernkraftgegner ein wirksames Gegenargument: daß nämlich die Lieferungen von Uran und angereichertem Uran erwiesenermaßen ebenso unsicher sind und daß Uran ein ebenso knapper Rohstoff wie Erdöl sei. Der Vergleich, so interessant er ist, hinkt beträchtlich und verharmlost eher unsere gesamtenergiepolitischen Zukunftsaussichten. Um deutlich zu machen, welche neuen, bisher kaum öffentlich diskutierten Probleme vom Weltkontext auf die westeuropäischen Staaten zukommen, ist es nützlich, die vergangene, wenn auch noch nicht bewältigte Energiekrise zu umreißen.

Anfang der siebziger Jahre kulminierte eine Reihe von teilweise unabhängigen Entwicklungen. Die Mitgliedländer der Organisation der erdölexportierenden Staaten (OPEC) hatten nach einer zehnjährigen Lehrzeit genug über das komplexe internationale Erdölgeschäft gelernt, um wirksam mit den Ölgesellschaften verhandeln zu können. Sie begannen, sich eine effektive Kontrolle über Produktion und Vermarktung des Erdöls zu verschaffen. Vieles deutet darauf hin, daß die Ölgesellschaften, in Überschätzung der eigenen Macht, hinter dem Deckmantel der Kartellisierungsbemühungen der OPEC ihr eigenes Kartell wiederherstellen wollten – nicht zuletzt um alternative Erdölquellen in politisch sicheren Gebieten kommerziell nutzbar zu machen. Obwohl nicht Altruismus, sondern geschäftliche Überlegungen hierbei entscheidend waren, kann man heute sagen, daß die Multis damit im Interesse der Verbraucherländer handelten. Bald jedoch entglitt diese Strategie, die wohl auch von Washington mit Wohlwollen betrachtet wurde, der Kontrolle westlicher Interessen. Die Erdölimporte der USA stiegen sprunghaft an. Ein weltweiter Wirtschaftsboom trug zusätzlich dazu bei, den Ölmarkt in einen Verkäufermarkt zu verwandeln. Im Frühjahr 1973 war der Ölpreis auf drei Dollar pro Barrel geklettert – das Zwanzigfache der Produktionskosten am Persischen Golf. Während deutsche Wirtschaftswissenschaftler unter Hinweis auf die ehernen Gesetze des Marktes einen baldigen Preisverfall prophezeiten, schloß ein im Frühjahr 1973 veröffentlichter Bericht der OECD nicht aus, daß der Preis 1980 fünf Dollar betragen könnte.

Wenige Monate später, nach dem vierten Nahost-Krieg, war er auf gut zehn Dollar angestiegen. Die arabischen Ölländer hatten ihre Produktion zur Durchsetzung außenpolitischer Interessen für einige Monate um etwa 20% gedrosselt und dabei, fast zufällig, eine für die Gesamt-OPEC entscheidende Entdeckung gemacht: die westlichen Industrieländer, (scheinbar) vor die Gefahr eines wirtschaftlichen Zusammenbruchs gestellt, waren bereit, bis zu 20 Dollar pro Barrel zu bezahlen, also das Hundertfache der niedrigsten Produktionskosten. Noch im Frühjahr 1974 – das partielle Embargo der Araber war inzwischen aufgehoben – glaubten namhafte Experten des Westens, ein Kunstpreis dieses Ausmaßes ließe sich nicht aufrechterhalten. Doch wo so viel zu gewinnen war, konnte selbst eine so disparate Gruppe von teilweise verfeindeten Ländern wie die OPEC eine gemeinsame Preispolitik durchsetzen.

Saudi-Arabien und OPEC

Wie trügerisch die Hoffnungen auf eine Preissenkung waren, zeigte sich 1975. Die Welterdölproduktion mußte rezessionsbedingt um 6% und die der OPEC um 13% gedrosselt werden.

Es bestanden also die günstigsten Bedingungen für einen Wettbewerb um sinkende Marktanteile; die OPEC-Preise blieben jedoch im wesentlichen konstant.

Noch erstaunlicher ist es, daß die Preise in der gegenwärtigen Konjunkturlage, die zu einem raschen Anstieg der Ölimporte besonders in Amerika geführt hat, real konstant geblieben sind. Für beide Phänomene: die Stärke des Kartells während der Rezession und die gemäßigte Politik während des Aufschwungs, liegt die Erklärung in der besonderen Rolle Saudi-Arabiens. Bei sinkendem Weltölverbrauch kann dieses Land ohne wirtschaftliche Einbußen seine Produktion drosseln: Seine Einnahmen übersteigen ohnehin bei weitem die Möglichkeiten einer sinnvollen Verwendung. Da es jedoch über gut ein Viertel der Förderkapazität und ein Drittel der Reserven verfügt, kann Saudi-Arabien durch die angedrohte oder tatsächliche Steigerung seiner Produktion einen gemäßigten Ölpreis durchsetzen, wenn es dies wünscht. Daß dieser Wunsch unter bestimmten Voraussetzungen besteht, hat sich bei den OPEC-Konferenzen der jüngsten Vergangenheit sehr deutlich gezeigt. Die Gründe hierfür sind sowohl wirtschaftlicher als auch politischer Natur. Mit einem Finanzvermögen von über 50 Mrd. Dollar ist Saudi-Arabien nolens volens zu einem Mitglied des internationalen Establishments geworden. Dieses Geld, ob kurzfristig in westlichen Banken oder langfristig in den USA investiert, wird in dem Augenblick wertlos, in dem die Wirtschaftskraft des Westens angeschlagen wird. Überzeugt von dem Argument, die krisengeplagte Weltwirtschaft könne einen zweiten Ölpreisschock nicht verkraften, leistete Saudi-Arabien erfolgreich Widerstand gegen die Forderungen von Ländern wie dem Iran und dem Irak, deren ehrgeizige Entwicklungs- und Rüstungspläne – letztere ohnehin eine Bedrohung für Saudi-Arabien – höhere Ölpreise notwendig erscheinen ließen.

Neueren Informationen zufolge gibt es jedoch auch noch weitere politische Gründe für die gemäßigte Preispolitik der Saudis. Seit langem laufen Gerüchte über einen militärisch-wirtschaftlichen Geheimpakt zwischen Saudi-Arabien und den USA. Die angesehene Bankzeitschrift »International Currency Review« veröffentlichte 1977 Einzelheiten über diesen Pakt, die fast an einen billigen Polit-Thriller erinnern. Die USA sollen sich zu einem garantierten Schutz des saudi-arabischen Regimes gegen Bedrohungen seiner äußeren und inneren Sicherheit verpflichtet haben; dafür soll die saudi-arabische Regierung ihrerseits den Ölpreis bis 1984 um nicht mehr als 5% pro Jahr heraufsetzen, d. h. ihn real konstant halten. Falls die OPEC höhere Preise beschließt, sollen diese für die saudi-arabischen Lieferungen nach Amerika keine Anwendung finden. Darüber hinaus müssen 50% der Zahlungsbilanzüberschüsse Saudi-Arabiens langfristig in den USA angelegt werden.

Gefahren der Zukunft: das Embargo

Das Problem Erdöl wird weithin als ein Problem einer aus politischen Gründen unsicheren Versorgung perzipiert, obwohl die wirklich ernsten Gefahren ganz woanders liegen. Sicherlich wäre eine erneute Unterbrechung der Erdöllieferungen aus den arabischen Ländern als Pressionsmittel in einem zukünftigen Nahostkonflikt möglich oder sogar wahrscheinlich. Eine solche Politik wäre bestenfalls durch eine massive Intervention der USA gegenüber Israel zu vermeiden, was allerdings nicht mehr ganz auszuschließen ist.

Ein erneutes Embargo könnte aber unter heutigen Voraussetzungen von Westeuropa ohne allzugroßen Schaden überstanden werden. Die Panik, die im Herbst 1973 die verantwortlichen Politiker überfiel, beruhte zu einem großen Teil auf der fast völligen Unkenntnis der eigenen Versorgungslage und einer totalen Unsicherheit über die Verhaltensweise anderer Importländer. Der damals zur Schau gestellte rücksichtslose Nationalismus Großbritanniens und Frankreichs gehört zu den dunkelsten Kapiteln der europäischen Nachkriegsgeschichte. Wichtig ist jedoch, daß dieser Nationalismus zwar in den Intentionen bestand, praktisch aber wirkungslos war. Nur der Bundesrepublik gelang es, einen mehr als fairen Anteil an den knapp gewordenen Ölvorräten an sich zu ziehen, indem sie auf die durchaus berechtigten Preiskontrollen verzichtete, mit denen unsere Partnerländer verhindern wollten, daß die Ölgesellschaften mit noch vor der Krise zu billigen Preisen eingekauftem Öl Supergewinne machten. Diese Politik ist als Sieg der Marktwirtschaft über den Dirigismus in die deutsche Wirtschaftsmythologie eingegangen.

Die Erfahrungen, die die Partner der Europäischen Gemeinschaft während des Erdölembargos 1973 machten, begruben die ohnehin bescheidenen Chancen einer europäischen Energiepolitik. Eine zukünftige gemeinsame Krisenbewältigung könnte nur dann verläßlich sein, wenn die Super- und Schutzmacht USA sich an ihr beteiligte. Dies war auch rein technisch geboten, weil die Vereinigten Staaten (wie auch Japan) wichtige Teilnehmer am Markt waren, und weil die Mitarbeit der amerikanischen Ölgesellschaften für ein erfolgreiches Krisenmanagement unerläßlich war.

So kam es schon ein Jahr nach dem Ausbruch der Ölkrise zur Bildung der Internationalen Energie-Agentur (IEA) in Paris, eines Zusammenschlusses aller wichtigen westlichen Verbraucherländer mit Ausnahme Frankreichs. Die der OECD nebengeordnete Agentur ist eine internationale Organisation ganz neuen Typs. Die beteiligten Nationen haben sich unter anderem verpflichtet, bei einem Embargo gegen eines oder mehrere ihrer Mitglieder ihren Verbrauch in einem vorher festgelegten Ausmaß zu senken, ihre nationalen Sicherheitsvorräte einzusetzen und die auf dem Welthandel dann noch verfügbaren Erdöllieferungen gleichmäßig zu verteilen. Diese Bestimmungen treten automatisch in Kraft, wenn die Pariser Behörde einen 7%igen Rückgang der Lieferungen eines Landes feststellt, es sei denn, der aus Regierungsvertretern zusammengesetzte Rat der IEA entscheidet ausdrücklich dagegen. Damit ist die IEA nicht nur die erste Allianz zum Schutz der wirtschaftlichen Sicherheit, sondern auch die erste Allianz, bei der der casus belli statistisch definiert ist. Ein umfangreiches, computergesteuertes Informations- und Zuteilungssystem, das 1976 in einem großen Manöver getestet wurde, hilft der Agentur bei der Wahrnehmung ihres Auftrages.

Natürlich kann niemand mit Sicherheit sagen, ob die IEA im Ernstfall funktionieren wird, d. h. ob nicht einige Regierungen ihre Verpflichtungen brechen werden. Obwohl es die westlichen Länder in letzter Zeit auf vielen Gebieten an Solidarität mangeln ließen, etwa in der Währungs- und Handelspolitik, wird sich die IEA vielleicht besser bewähren, als es viele Skeptiker vermuten. Das liegt in erster Linie daran, daß eine gemeinsam bewältigte Krise eigentlich gar keine zu sein braucht, während eine Wiederholung der Politik des »Rette sich wer kann« mit Sicherheit eine schwere Weltwirtschaftskrise provozieren würde.

Nehmen wir an, die arabischen Erdölstaaten verhängen einen partiellen Lieferstop von 25% – eine wesentlich größere Drosselung ist aus produktionstechnischen und finanzpolitischen Gründen kaum durchzusetzen. Selbst wenn die nichtarabischen Staaten ihre Produktion bei einem Embargo nicht erhöhen, könnten die Westeuropäer, da sie über die von der EG und der IEA beschlossenen Sicherheitsreserven verfügen, gut fünfzehn Monate mit einer solchen Kürzung leben. Drosseln sie darüber hinaus ihren Ölverbrauch um 10%, was durch größeren Einsatz von Steinkohle, Senkung der Heiztemperatur und partielle Fahrverbote möglich wäre, ergibt sich rein rechnerisch eine Schonzeit von mehr als zwei Jahren, ehe die Sicherheitsvorräte aufgebraucht sind. Es bestände also objektiv kein Grund zur Panik. Sollten jedoch einige wichtige Länder aus der gemeinsamen Front ausbrechen und, wie nach dem Oktober 1973, Hamsterkäufe auf dem internationalen Ölmarkt tätigen, würde der Ölpreis in die Höhe schnellen und ein neues, höheres Preisniveau wäre unweigerlich die Folge. Die Europäische Gemeinschaft hat im Sommer 1977 Fortschritte in Richtung auf ein europäisches Krisenmanagement gemacht, nachdem die anfänglich sehr starken britischen Vorbehalte ausgeräumt wurden. Damit wird einerseits Frankreich voll in die westliche Kooperationsstrategie einbezogen und andererseits eine zweite Verteidigungslinie für den Fall eines euroamerikanischen Dissenses aufgebaut.

Gefahren der Zukunft: die Ölknappheit der achtziger Jahre

Eine viel ernstere Gefahr für die wirtschaftliche Sicherheit der Bundesrepublik und des Weltwirtschaftssystems, in das sie wie kaum ein anderes Land eingebunden ist, ergibt sich mit fast zwingender Notwendigkeit aus der wahrscheinlichen Entwicklung des Weltölmarktes (und -preises) der achtziger Jahre. Im Unterschied zur Krise von 1973 wird die zukünftige Krise nicht durch eine Preismanipulation der OPEC ausgelöst werden, sondern durch ein technisch-wirtschaftlich bedingtes Ungleichgewicht von Angebot und Nachfrage. Im Unterschied zu 1973 dürfte die kommende Energiekrise (noch) größere Verzerrungen im internationalen Zahlungsbilanz- und Produktionsgefüge hervorrufen und ein ohnehin geschwächtes Weltwirtschaftssystem treffen.

Theoretisch hätte zumindest der Westen die Kosten der Vervierfachung des Ölpreises von 1973 ohne weiteres tragen können. Ein Transfer von 2,5 % des Bruttosozialprodukts, d. h. des Reichtums, der in einem halben Jahr zusätzlich erwirtschaftet wird, hätte nicht eine Weltwirtschaftskrise heraufbeschwören müssen, die uns mindestens das Fünffache dieser Summe an Wachstumsverlust gebracht hat. Grobe Fehler in der Zahlungsbilanz und in der Konjunkturpolitik der westlichen Länder, insbesondere das Zusammentreffen einer restriktiven Zentralbankspolitik mit einer expansiven Lohnpolitik der Gewerkschaften, haben die Volkswirtschaften der meisten Staaten so hart angeschlagen, daß dort der soziale Frieden in Gefahr geraten ist. Die Ölkrise war jedoch nur, wenn nicht der Tropfen, so doch der Eimer, der das Faß überlaufen ließ. Für die Zukunft ist jedenfalls dieses festzuhalten: Der Versuch, die vergangene Krise zu bewältigen, hat die wirtschaftlichen und politischen Reserven des Westens für eine zukünftige Krisenbewältigung aufgezehrt. Die Welt hat sich durch riesige Schulden schlecht und recht über Wasser gehalten. Dies gilt für die nationalen Haushalte, aber auch für die internationalen Kredite an die zahlungsbilanzschwachen Länder Europas, insbesondere an die Mittelmeerländer, die Entwicklungsländer und die Länder des Ostblocks. Auch politisches Kapital ist eingesetzt worden: Alle Regierungen haben versprochen, daß eine temporäre Zurückstellung von Lohnansprüchen und sozialen Anliegen mit einem erneuten Wirtschaftswachstum belohnt werden würde. Für die Bewältigung einer weiteren Energiekrise steht weder finanzielles Kapital noch politisches Vertrauenskapital zur Verfügung.

Seit dem Frühjahr 1977 liegen eine Reihe sehr sorgfältig ausgeführter Untersuchungen, darunter von der OECD in Paris, vor, die alle zu ähnlichen Schlüssen kommen: daß nämlich das Gleichgewicht zwischen Angebot und Nachfrage auf dem Welterdölmarkt spätestens Mitte der achtziger Jahre labil wird, ja mit hoher Wahrscheinlichkeit in echte Knappheit umschlagen wird. Die meisten der gegenwärtigen Fördergebiete für Erdöl und -gas werden 1985 den Höhepunkt ihrer Produktion überschritten haben. Dies gilt für die zwei größten Erdölproduzenten der Welt, die Sowjetunion und die Vereinigten Staaten; dies gilt aber auch für die meisten Länder des Nahen Ostens, insbesondere den Iran; dies gilt für die Nordsee, für Alaska und für die holländischen Gasvorkommen. Neue Vorkommen können bestenfalls die sinkende Produktion der Hauptförderländer wettmachen, nicht aber mit dem wachsenden Weltbedarf Schritt halten.

Um die volle Tragweite dieser Entwicklung ganz deutlich zu machen, gehen die Studien von geradezu utopisch anmutenden optimistischen Annahmen aus, was die Produktion einheimischer Energie und die Möglichkeiten der Energie-Einsparung betrifft. So wird in der OECD-Studie eine sehr geringe gesamtwirtschaftliche Wachstumsrate (4% für die OECD als Ganzes und 3,5% für Europa) angenommen, obwohl gut 1% Wachstum pro Jahr mehr notwendig wäre, um selbst die gegenwärtige Arbeitslosigkeit konstant zu halten. Darüber hinaus wird vorausgesetzt, daß das historische, bis 1974 geltende Verhältnis von Wirtschaftswachstum und Energieverbrauch von 1:1 auf 1:0,84 gedrückt werden kann – eine geradezu heroische Annahme, wenn man bedenkt, wieviel Energieverbrauch in den gegenwärtig verfügbaren Produktionsmitteln und in unseren Lebensgewohnheiten sozusagen festgeschrieben ist. Weiter wird eingerechnet, daß sich die Produktion von Atomstrom in der OECD von 1974 bis 1985 um das Achtfache steigern läßt; das würde für Westeuropa insgesamt bedeuten, daß dann etwa 100 große Kernkraftwerke in Betrieb wären. Eine letzte, ebenfalls sehr optimistische Annahme betrifft die Kohleproduktion, die um ein Drittel gesteigert werden soll. Selbst wenn wir davon ausgehen, daß diese Annahmen realistisch sind, folgt ein weiterer, nicht weniger beunruhigender Tatbestand: Ab Mitte der achtziger Jahre muß ein großer Teil des wachsenden Erdölverbrauchs (und der Ersatz für die sinkende Produktion anderer Fördergebiete) von einem einzigen Land aufgebracht werden, nämlich von Saudi-Arabien. Die Lücke zwischen Angebot und Nachfrage, die sich bei dem oben skizzierten optimistischen Szenario auftun würde, könnte nur geschlossen werden, wenn Saudi-Arabien seine Produktion bis 1985 auf das Doppelte und in den neunziger Jahren auf das Dreifache der heutigen Förderung erhöht, und dies, obwohl das Land schon jetzt weit mehr produziert, als es für den eigenen Finanzbedarf benötigt.

Eine solche Politik käme einer in der Geschichte beispiellosen Selbstaufopferung eines Landes zum Wohle der übrigen Welt, und insbesondere der Industrieländer, gleich. Die jetzige Regierung unter Kronprinz Fahd, die durch eine relativ gemäßigte Preispolitik hohes Ansehen im Westen genießt, repräsentiert wahrscheinlich eine Minderheit im Königshaus, dem einzigen Machtzentrum in diesem mittelalterlichen Feudalreich. Seit 1970 hat es mindestens fünf Umsturzversuche gegeben – von Offizieren und Mitgliedern des Königshauses, die sich mal mit Nasser-Anhängern, mal mit irakischen Baathisten, mal mit arabischen Kommunisten liierten. Die Ausländerbevölkerung in Saudi-Arabien ist fast so zahlreich wie die einheimische. Iraker und Palästinenser besorgen praktisch die gesamte Verwaltung; eine halbe Million Yemeniten verrichtet die Handarbeit; 200000 Ägypter kontrollieren das gesamte Schulsystem. Nur die Produktions- und Transportanlagen für das Öl sind in den Händen von etwa 50000 meist amerikanischen Fachleuten. Man kann also von diesem Land und diesem Regime insgesamt kaum noch zweieinhalb Jahrzehnte Stabilität erwarten. Dies wäre jedoch die Mindestvoraussetzung für eine Bewältigung der kommenden Energiekrise. Aber selbst von einem stabilen Regime kann nicht mit Sicherheit angenommen werden, daß es die erwähnte Verdoppelung und Verdreifachung zuläßt.

Für die westlichen Industrieländer und die Weltwirtschaft insgesamt entstehen aber bereits Gefahren, wenn Saudi-Arabien nicht dauernd über eine beträchtliche Überkapazität verfügt, d. h. wenn es nicht kurzfristig, innerhalb von wenigen Monaten, Produktion und Transport von Erdöl steigern kann. Nur so kann das Land seine Rolle als Preisbremser der OPEC spielen, d. h. seinen Partnern glaubhaft mit dem Verlust von Marktanteilen drohen, wenn sie ihre Preise zu hoch schrauben. Schon bei der vorletzten Preiserhöhung im Dezember 1976, als Saudi-Arabien und einige Golfstaaten ihre Preise um 5% und die anderen OPEC-Staaten um 10% erhöhten, zeigte sich, daß insbesondere die begrenzte Verladekapazität in den Häfen Saudi-Arabiens einer solchen Politik des Preisdiktats Grenzen setzte. Inzwischen gibt es wieder eine einheitliche Preisfront in der OPEC.

Paradoxerweise wird es wahrscheinlich kurzfristig, d. h. in den nächsten drei Jahren, zu einem leichten Überschuß der Förderkapazitäten der OPEC-Länder kommen, da die gleichzeitige Erschließung der Nordsee-Vorkommen und der Erdölvorräte in Alaska die steigende Nachfrage decken werden. Auch hier wird es also noch einmal die Illusion eines Energieüberschusses geben, wie wir ihn auch während der weltweiten Rezession erlebten – als die Wachstumsraten auch des Energieverbrauchs für kurze Zeit dramatisch abfielen.

Anfang der achtziger Jahre wird sich dann zunehmend die prognostizierte Erdölknappheit bemerkbar machen. Zuerst dürfte Saudi-Arabien mangels ausreichender Überschußkapazitäten die Fähigkeit verlieren, der OPEC die Preise zu diktieren. Steigen die Preise dann heftig, wird eine tiefe Rezession in der Weltwirtschaft die unvermeidliche Folge sein.

Aber selbst wenn wir annehmen, der Verlust der Preisführerschaft Saudi-Arabiens Anfang der achtziger Jahre bewirke keine Preisexplosion, wird, den zitierten Berechnungen zufolge, Mitte oder Ende der achtziger Jahre der Punkt erreicht werden, an dem die Erdölproduktion der Welt mit der Nachfrage nicht mehr Schritt hält. Spätestens dann kommt es zu Preissteigerungen und dem oben angedeuteten Wirtschaftschaos. Das Erschreckende an diesen Berechnungen liegt, um es noch einmal zu wiederholen, in zwei Umständen: Erstens besteht selbst im günstigsten Fall, d. h. bei einer maximalen Ausweitung der saudi-arabischen Produktion, eine enorme Abhängigkeit Westeuropas und der übrigen Welt von einer jahrzehnte dauernden Stabilität und einem beispiellosen Altruismus des Regimes. Zweitens gehen die Berechnungen von höchst optimistischen Erwartungen über die Entwicklung von Kohleproduktion, Nuklearenergie und Sparmaßnahmen aus, an die kein Experte wirklich glaubt. Spätestens Ende der achtziger Jahre wird die OPEC irrelevant: nicht sie, sondern der Markt wird dann der wirkliche Preistreiber.

Nuklearenergie: vom Regen in die Traufe?

Nun wird mit einigem Recht behauptet, daß ein stärkerer Einsatz von Atomenergie neue Probleme der Versorgungssicherheit aufwerfe, die denen des Erdöls sehr ähnlich sind. Auch die Uranreserven der Welt sind begrenzt; der Markt wird von einem aus multinationalen Firmen und Exportländern gemeinsam getragenen Kartell beherrscht; und politische und außenpolitische Faktoren beeinträchtigen sowohl die kurz- als auch die langfristige Versorgungssicherheit mit Uran.

Über das Ausmaß der Welturanreserven liegen mehr oder weniger pessimistische Berechnungen vor. So hat eine für das Bundesforschungsministerium erstellte Studie ermittelt, daß allein der Uranbedarf der gegenwärtig in der Welt betriebenen Kraftwerke – unterstellt eine Lebensdauer von 30 Jahren – 1,85 Mill. Tonnen beträgt, das ist mehr als die gegenwärtig bekannten Reserven. Das Atomzeitalter hat jedoch kaum begonnen. Im Jahre 2000 soll es 25mal so viele Kernkraftwerke geben wie heute. Die Suche nach neuen Vorkommen, die aufgrund der enorm gestiegenen Uranpreise forciert wird, zeigt bisher nur bescheidene Resultate. Nach Schätzungen der Industrie müßten die Explorationsanstrengungen, für die gegenwärtig eine halbe Milliarde Dollar ausgegeben wird, verdoppelt oder verdreifacht werden. Übrigens wird die Hälfte dieser Summe in den USA ausgegeben, weitere 30% in den schon relativ gut erforschten Ländern Australien, Kanada, Südafrika und Westeuropa. Die weißen Commonwealth- bzw. Ex-Commonwealth-Länder gelten als politisch sicherer als die Entwicklungsländer. Bei näherem Hinsehen entpuppen sich diese Gebiete jedoch als gar nicht so zuverlässig. Die kanadische Regierung ist eine der Hauptstützen des seit 1972 bestehenden internationalen Urankartells, das eine 700%ige Steigerung des Uranpreises durchgesetzt hat. Darüber hinaus hat das Land immerhin seit Anfang des Jahres ein Embargo über die teilweise mit deutschem Kapital geförderten Uranlieferungen nach Europa verhängt, um ein Mitspracherecht bei einem eventuellen Weiterexport des angereicherten Urans zu erhalten. Südafrika, das über bedeutende Reserven verfügt, steht unmittelbar vor einem Konflikt mit Schwarzafrika und mit seiner eigenen schwarzen Bevölkerung, der nicht nur die technischen Voraussetzungen für einen Uranexport zerstören könnte, sondern der auch Westeuropa veranlassen könnte, aus politischen Gründen auf Uranlieferungen zu verzichten. Unsicher sind ebenfalls die Aussichten für Lieferungen aus Australien, aus dessen riesigen Reserven der größte Teil der westeuropäischen Versorgung in Zukunft bestritten werden soll. Die australischen Gewerkschaften sind aus einer ganzen Reihe von Motiven auf eine generelle Anti-Kernkraftpolitik eingeschwenkt, wobei vor allem die Hafenarbeiter schon mehrmals den Export von Uran gestoppt haben. Die oppositionelle Labour-Partei fordert, daß Australien nur die schon vor 1972 abgeschlossenen Exportverträge erfüllt. Selbst diese Mengen, insbesondere die 9000 Tonnen Uranoxid, die bis 1982 an die Bundesrepublik und Japan geliefert werden sollten, können mit den gegenwärtigen Kapazitäten nicht gefördert werden. Das politische Gerangel um die Erschließung neuer Förderkapazitäten dauert an.

Nun gibt es in der Welt riesige Mengen von schwachuranhaltigen sog. Schwarzschiefern. Hier aber geht die von Ökonomen oft gemachte Rechnung nicht auf, daß jeder Rohstoff in ausreichenden Mengen zur Verfügung steht, wenn nur der Preis hoch genug ist. Denn hier stoßen wir auf fast starre Grenzen der Umweltbelastung. Zur Gewinnung einer Tonne Uran müssen 20000 Tonnen Schwarzschiefer zertrümmert, mit großen Mengen Schwefelsäure gelöst und mit riesigen Mengen von Wasser – die z. B. in Amerika nicht mehr zur Verfügung stehen – aufbereitet werden.

Eine zweite, theoretisch unbegrenzte Quelle für Uran ist das Meerwasser. Obwohl in 1000 Tonnen Wasser nur drei Gramm Uran gelöst sind, läßt sich nach neuesten, in einer Studie der Uranerzbergbau GmbH veröffentlichten Erkenntnissen Uran mit Hilfe von anorganischen Substanzen aus warmen, schnell fließenden Meeresströmungen absorbieren. Die Japaner, die schon 1980 zwei Versuchsanlagen in Betrieb nehmen werden, sind führend auf diesem Gebiet. In den neunziger Jahren könnte diese Technik – zu Kosten, die das Dreifache der gegenwärtig teuersten Produktion betragen würden – einen Beitrag zur Welturanversorgung leisten. Für Westeuropa würde auch dies eine Abhängigkeit von Importen aus südlichen Gebieten bedeuten.

Angesichts dieser Versorgungslage sucht Westeuropa sein Heil in einer Kombination neuer nuklearer Technologien: in der Wiederaufbereitung und den Schnellen Brütern. Ihre Entwicklung könnte zwar das langfristige Problem der Uranversorgung lösen helfen, hat aber politische Nebenwirkungen, welche die kurzfristige Versorgungssicherheit gefährdet haben. Denn bei der Wiederaufbereitung verbrauchter Kernbrennstäbe erhält man sowohl Uran als auch Plutonium. Diese Brennstoffe können dann entweder in herkömmlichen Reaktoren verbrannt werden – dadurch kann immerhin ein Drittel Brennstoff gespart werden – oder in Schnellen Brütern eingesetzt werden, die kaum noch zusätzlichen Brennstoff benötigen. Sowohl die Wiederaufbereitung wie auch der Schnelle Brüter erzeugen größere Mengen von waffentechnisch verwendungsfähigen Brennstoffen, d. h. die scharfe Trennung von ziviler und militärischer Nukleartechnologie wird verwischt. Dies ist der Grund, warum die Europäer (und Japaner) von den Vereinigten Staaten unter Druck gesetzt worden sind, die Entwicklung beider Technologien zurückzustellen oder zumindest ihren Export strikt zu unterbinden. Die amerikanischen Pressionen bestärken die europäischen Regierungen eher in der Überzeugung, daß sie durch Wiederaufbereitung und schnellstmöglichen Einsatz des Schnellen Brüters ihre Abhängigkeit von ausländischen Uranlieferungen reduzieren müssen. Das Duopol der USA und der UdSSR, die gegenwärtig Europa je zur Hälfte mit angereichertem Uran beliefern, wird in den frühen achtziger Jahren durch die dann bestehende eigene Anreicherungskapazität Westeuropas gebrochen sein.

Die Energiekrise der achtziger Jahre: eine Krise des politischen Systems

Nach diesem sehr kurzen Exkurs über die Uranversorgung kehren wir zu der Gesamtproblematik zurück und skizzieren einige außenpolitische und europa-politische Konsequenzen der vorprogrammierten Energiekrise der achtziger Jahre.

1. Eine von Energiekrisen erschütterte westliche Welt wird einem fast autarken Sowjetimperium und einem autarken China gegenüberstehen.

2. Die Allianz zwischen Saudi-Arabien und den USA wird für die wirtschaftliche Sicherheit Westeuropas ebenso bedeutsam wie die NATO für den militärischen Bereich. Im günstigsten Fall kann hierdurch die Krise verschoben werden, d. h. Westeuropa gewinnt Zeit für eine Anpassung. Verglichen mit dieser Allianz verkümmert der euro-arabische Dialog zur Bedeutungslosigkeit.

3. Da die Gefahr einer Erdölverknappung von Spannungen auf dem gesamten Weltenergiemarkt herrührt, können Eigenanstrengungen der Bundesrepublik nur einen bescheidenen Beitrag zur Lösung des Problems leisten. Der wichtigere Beitrag muß von den Vereinigten Staaten kommen, die als weitaus größter Energieverschwender, aber auch als potentielles Fördererland von Alternativ-Energien, das Gesamtbild des Weltenergiemarkts beeinflussen können. Das ambitiöse Energiepro-

gramm Präsident Carters ist jedoch – wie von Skeptikern vorausgesagt – praktisch am Kongreß gescheitert. Für Westeuropa ergibt sich daraus die Notwendigkeit, Druck auf die amerikanische Regierung auszuüben, d. h. Präsident Carter seinen innenpolitischen Kritikern gegenüber den Rücken zu stärken. Die Diplomatie, die hier gebraucht wird, ist nicht die höfliche Übermittlung europäischer Besorgnisse durch offizielle Kanäle, sondern eine Behandlung des Problems auf Gipfelkonferenzen, durch öffentliche Reden europäischer Regierungschefs etc.

4. Was nun Westeuropas Eigenanstrengungen betrifft, so können diese fast nur auf dem Gebiet der Energieeinsparung liegen. Dabei muß man sich klarmachen, daß der Verzicht auf Atomenergie ein Energieminus darstellen würde, das der Gesamtmenge des Nordseeöls entspricht. Was die Einsparungen betrifft, so steht Westeuropa vor zwei unangenehmen Alternativen. Entweder es wartet, bis die Energiekrise Mitte der achtziger Jahre eine katastrophale wirtschaftliche Strukturkrise hervorruft, oder es antizipiert diese Lage und provoziert künstlich eine mildere, aber immer noch einschneidende Struktur- und Gesellschaftskrise. Eine solche Krise ergäbe sich, wenn statt des energiepolitischen Aspirins in Zukunft Kortison eingesetzt würde, wenn man also durch starke finanzielle Anreize Industrie und Haushalte nicht nur zu weniger Energieverbrauch anregen, sondern gewisse energieintensive Produkte praktisch unerschwinglich machen würde. Dabei müßte man sich des politischen Instrumentariums der Verordnungen, Subventionen für Anpassungshilfen, außenwirtschaftlichen Absicherungen usw. bedienen.

Die innenpolitischen Auswirkungen einer derart drastischen Ausweitung der staatlichen Interventionen sind nicht Gegenstand dieses Beitrags. In der Europapolitik stehen wir jedoch möglicherweise vor sehr folgenreichen Weichenstellungen. Kein Land kann sich die energiepolitisch gebotenen radikalen industriepolitischen Maßnahmen leisten, wenn nicht seine wichtigsten Handelspartner Ähnliches oder Gleiches tun. Außerdem würde eine nationale außenwirtschaftliche Absicherung des hier angedeuteten industriepolitischen Abenteuers den gemeinsamen Markt zerstören. Eine gemeinsame Politik der EG dagegen könnte die damit verbundenen wirtschaftlichen und politischen Kosten vermindern, ja unsere Partnerländer zur Nachahmung ermuntern. All dies setzt jedoch eine ganz anders geartete Europäische Gemeinschaft voraus. Hat sie noch die Kraft, die Zerreißprobe einer echten verfassungspolitischen und ordnungspolitischen Debatte zu bestehen, oder wird die Energiekrise der achtziger Jahre die Balkanisierung Europas besiegeln?

Die Kernenergiepolitik der Sowjetunion

Alexander Brenner

»Kommunismus – das ist Macht der Sowjets plus Elektrifizierung des gesamten Landes« – die Losung prangt in riesigen Leuchtlettern auf einem Elektrizitätswerk im Zentrum Moskaus direkt dem Kreml gegenüber und auf vielen anderen Elektrizitätswerken in der Sowjetunion. Diese von Wladimir Iljitsch Lenin kurz nach der Oktoberrevolution ausgesprochene simplifizierte Definition des Kommunismus gilt bis heute als oberster Leitfaden der sowjetischen Kernenergiepolitik.

Daran ändert nicht im mindesten die Tatsache etwas, daß Lenin, kurz nachdem er diesen Satz verkündet hatte, die Sowjets entmachtet hat: Sie spielen der Parteihierarchie gegenüber eine völlig untergeordnete Rolle. Der zweite Teil des Satzes, d. h. die Elektrifizierung des gesamten Landes, bleibt eines der wichtigsten Ziele der Führung der Sowjetunion; dieses Ziel ist bis heute – 60 Jahre nach der Oktoberrevolution – trotz unbestrittener Erfolge nicht ganz erreicht.

Das Erreichen des Kommunismus ist also von der Elektrifizierung des gesamten Landes abhängig; dies kann nur durch eine ausreichende und langfristig geplante Energieversorgung – und diese wiederum auf dem schnellsten und rationellsten Wege durch verstärkte Anwendung von Atomenergie – gewährleistet werden. So einfach ist die Kausalität, und so schnell schließt sich der ideologische Kreis. Und wer dem nicht zustimmt, ist – wie kann es anders sein – ein Reaktionär!

Der wissenschaftlich-technische Fortschritt gilt in der Sowjetunion nicht nur als Stimulanz, sondern als Voraussetzung des gesellschaftlich-politischen Fortschritts in Richtung »kommunistische Gesellschaft«. Auch dies wird durch viele Zitate von Marx, Lenin und zuletzt Breschnew belegt (entsprechende Worte Stalins, der ja die Industrialisierung der Sowjetunion unter der Opferung unzähliger Menschenleben vollzog, werden aus verständlichen Gründen nicht mehr zitiert, von der Unperson Chruschtschow ganz abgesehen).

Dies alles gelte selbstverständlich nur für die sozialistische Sowjetunion bzw. – China und vielleicht Albanien ausgenommen – für die anderen »echten« Volksdemokratien, wo ja alles dem Volk bzw. den Werktätigen gehöre und also jeder wissenschaftlich-technische Fortschritt allen Werktätigen zugute komme bzw. kommen müßte, also auch die Kernenergie. Im Gegensatz hierzu stehen die kapitalistischen Länder, in denen die Werktätigen – infolge der kapitalistischen Ausbeutung – ein armseliges, unterdrücktes Dasein führen, und in denen der technische Fortschritt entweder allein den Ausbeutern nütze oder – je nach Bedarf – von den kapitalistischen Monopolen verhindert wird. So die offizielle sowjetische Lesart.

Logischerweise sehen die Sowjets den in westlichen Ländern aufkommenden Widerstand gegen den Bau neuer Kernkraftwerke als gegen den Fortschritt gerichtet, d. h. als reaktionär an und wittern dahinter dunkle mystische Kräfte des Großkapitals. Von hier ist es nicht weit zur Behauptung einiger sowjetischer Funktionäre, die in der Anti-Atombewegung nur Machenschaften der auf ihren Gewinn bedachten westlichen Erdöl-Monopolgesellschaften sehen. Oder sie bezeichnen die Demonstranten als irregeführte Menschen, die sich gegen den Fortschritt wenden, weil sie um ihren Arbeitsplatz bangen.

Die Sowjetunion hat also ihre eigene ideologische Basis für den intensiven Weiterbau von neuen Kernkraftwerken und von Schnellen Brütern. Erst im Mai 1977 erklärte der Vorsitzende des sowjetischen Atomenergie-Komitees (offizielle Bezeichnung: Staatskomitee zur Nutzung der Atomenergie der UdSSR), Andranik Petrossjanz, auf der internationalen Atomenergie-Konferenz in Salzburg, daß der Anteil der in der Sowjetunion von Kernkraftwerken produzierten Energie bis 1980 verdoppelt werde und daß die Sowjetunion nicht auf den Einsatz der Schnellen Brüter verzichten wird. Er erteilte somit Präsident Carter eine Absage, der die Entwicklung Schneller Brüter und den Bau von Plutonium-Aufbereitungsanlagen aus Gründen der Sicherheit hinausschieben will.

Nach sowjetischen Angaben nimmt die Sowjetunion heute den ersten Platz in der Welt bei der Förderung von Kohle

(1975: 701 Mill. Tonnen) und Erdöl (1975: 491 Mill. Tonnen) ein. Die Erdgasförderung beträgt z. Z. mehr als 300 Mrd. Kubikmeter. Neue Erdöl- und Erdgas-Vorräte wurden vor kurzem in Sibirien und Mittelasien entdeckt, die Exploration weiterer Quellen im großen Land wird intensiv und mit Erfolg betrieben.

Und dennoch ist die Sowjetunion – genau so wie die westlichen Industriestaaten – auf die beschleunigte Verwendung von Kernenergie angewiesen, und zwar aus folgenden Gründen:

1. Die ehrgeizigen Pläne für die weitere Industrialisierung des Landes bedingen eine starke Energieverbrauchssteigerung, die im Jahre 2000 das 2,5- bis 3,5fache des heutigen Verbrauchs erreicht haben soll. Diese Steigerung wird durch konventionelle Brennstoffe nicht gedeckt werden können.

2. 90% der Energievorräte der Sowjetunion befinden sich in der östlichen Region des Landes, hauptsächlich in Sibirien, und nur 10% im europäischen Teil, dort, wo die Hauptverbraucher von Kohle, Erdöl, Gas und Elektroenergie konzentriert sind. Der Energie-Transfer über die riesigen Entfernungen ist aber mit hohen Kosten und hohen Energieverlusten verbunden. Deshalb werden die sowjetischen Kernkraftwerke zu 90% in dem dicht besiedelten und industrialisierten europäischen Teil gebaut: Bei Leningrad, Kalinin, Woronesch, Smolensk, Kursk, Kiew, in der Südukraine und in Armenien. Aber auch in entlegenen Gebieten Ostsibiriens bzw. hinter dem Polarkreis ist es wesentlich wirtschaftlicher, elektrischen Strom aus Kernkraftwerken an Ort und Stelle zu beziehen, als – wegen der klimatischen Verhältnisse sehr teure und verlustreiche – Überlandleitungen zu bauen. Der Transport von Kernbrennstoffen ist viel billiger.

3. Die UdSSR ist der Hauptlieferant von Erdöl und Erdgas an die COMECON-Staaten. Besonders die hochindustrialisierten Staaten wie die DDR und die Tschechoslowakei sind fast zu 100% auf Erdöllieferungen aus der Sowjetunion angewiesen. Die Erdölkrise von 1973 ist auch an den COMECON-Staaten nicht spurlos vorbeigegangen. Die Sowjetunion hat ihre Verbündeten kräftig zur Kasse gebeten, so daß die erste Schadenfreude über das arabische Ölembargo und die OPEC-

Preissteigerungen sehr schnell verflogen war. Auch die COMECON-Staaten haben einen gesteigerten Energiebedarf zu erwarten und sind also auf erhöhte Erdöl- und Energielieferungen aus der Sowjetunion angewiesen.

4. Erdöl und Erdgas gehören zu den besten Exportartikeln der UdSSR in die westlichen Staaten, darunter in die Bundesrepublik Deutschland: Exporte, die der UdSSR die heiß ersehnten harten Devisen einbringen, mit denen sie importierte westliche Waren und Technologien bezahlen kann.

Die UdSSR hat schon sehr früh die wirtschaftliche und politische Bedeutung der Kernenergie erkannt; von der militärischen Seite soll hier nicht die Rede sein. Dementsprechend nimmt die Sowjetunion einen führenden Platz in der Kernforschung ein. Schon 1953 wurde in Obninsk bei Moskau das erste Kernkraftwerk der Welt mit einer Leistung von 5000 Kilowatt gebaut.

Hier einige Zahlen und technische Daten:

Zur Zeit sind in der Sowjetunion 11 Kernkraftwerke mit einer Gesamtleistung von etwa 7000 Megawatt in Betrieb (1 Megawatt = 1 Million Watt = 1000 Kilowatt), der Anteil der Kernenergie an der Gesamtenergie beträgt 3%. Bis 1980 sollen mehrere Kernkraftwerke errichtet werden; die Gesamtleistung wird 20000 Megawatt betragen; der Anteil der Kernenergie wird sich auf 6% erhöhen. Ab 1980 soll die Kernkraftleistung in der Sowjetunion alle fünf Jahre verdoppelt werden, die gesamte installierte Leistung jedoch alle zehn Jahre. Der Atomenergie wird somit eindeutig der Vorrang gegeben, ihr Anteil wird stetig steigen. Dies teilte eine Delegation sowjetischer Nuklearexperten mit, die Mitte 1977 die Bundesrepublik Deutschland besuchte. Die Kosten pro Kilowattstunde Elektroenergie aus Kernkraftwerken konnten in den Jahren 1971 bis 1975 um ca. 30% gesenkt werden; nach Angaben sowjetischer Experten liegen die Stromerzeugungskosten in sowjetischen Kernkraftwerken z. Zt. um etwa 30% niedriger als die konventioneller Kraftwerke.

Ein Schneller Brüter wurde im Jahre 1973 in Schewtschenko auf der Halbinsel Mangyschlak am Ostufer des Kaspischen Meeres in Betrieb genommen, seine Leistung: 150 Megawatt.

Ein weiterer Schneller Brüter mit einer Leistung von 600 Megawatt ist im Bau (Belojarsk).

Beim Reaktorbau hat die Sowjetunion eine Monopolstellung innerhalb der COMECON-Staaten inne. Die in den Ostblockstaaten gebauten Kernkraftwerke wurden und werden aus der Sowjetunion importiert. Z. Zt. sind in der DDR 2 Reaktoren mit 960 Megawatt, in der Tschechoslowakei 1 Reaktor mit 110 Megawatt in Betrieb; bis 1980 werden in der DDR Kernkraftwerke mit einer Leistung von 1320 Megawatt, in der Tschechoslowakei von 1760 Megawatt hinzukommen, in Polen wird ein Kernkraftwerk mit einer Leistung von 440 Megawatt gebaut.

Die Sowjetunion installiert nach einer ca. 20jährigen Entwicklungsphase, in der verschiedene Reaktortypen getestet wurden, hauptsächlich sogenannte Druckwasser-Reaktoren mit 70% Anteil und Druckröhren-Reaktoren mit 30% Anteil. Für die nahe Zukunft werden Kernkraftwerke mit Blöcken von 1000–1500 Megawatt Leistung geplant. Für 1985/1990 rechnet man mit der Serienproduktion von Schnellen Brütern; hier sind Anlagengrößen von 1400–1500 Megawatt und Verdoppelungszeiten von fünf bis sechs Jahren vorgesehen.

Die jährliche sowjetische Produktionskapazität für Reaktoren beträgt z. Zt. 5000 Megawatt, sie soll bis 1980 verdoppelt werden. Die derzeitige Produktionskapazität reicht jedoch bei dem eingeschlagenen Tempo nicht aus, deshalb ist Moskau auch am Import von Kernkraftwerken und entsprechender Instrumentierung aus westlichen Ländern, darunter auch aus der Bundesrepublik Deutschland, stark interessiert. So hat ein westdeutsches Werk die Instrumentierung für ein von der Sowjetunion an Finnland geliefertes Kernkraftwerk übernommen. Die lange Zeit zwischen der Sowjetunion und der Bundesrepublik geführten Verhandlungen über den Bau eines westdeutschen Kernkraftwerkes in Kaliningrad (früher Königsberg) im Austausch für Elektrizitätsstrom in die Bundesrepublik und Berlin-West konnten wegen der Probleme der Trassenführung durch die DDR und Berlin-West nicht abgeschlossen werden.

Die Sowjetunion ist sehr interessiert an den in der Bundesrepublik entwickelten Hochtemperatur-Reaktoren. Dieser Bereich soll in die zwischen beiden Ländern zu vereinbarende Zusammenarbeit in Wissenschaft und Technologie aufgenommen werden. Das deutsch-sowjetische Abkommen über wissenschaftlich-technische Zusammenarbeit ist allerdings bisher wegen Meinungsverschiedenheiten über eine befriedigende Einbeziehung von Berlin-West noch nicht unterzeichnet worden.

In der UdSSR wird sehr intensiv am Problem der kontrollierten Kernfusion gearbeitet. Wissenschaftliche Institute wie das Kurchatow-Institut in Moskau genießen Weltrang; die hier von sowjetischen Wissenschaftlern 1975 entwickelte Maschine, das sogenannte »TOKAMAK 10«, liefert einen wichtigen Beitrag zur Erreichung des Zieles einer kontrollierten Kernfusion, die ja Voraussetzung eines thermonuklearen Reaktors ist.

Zur Rechtfertigung des beschleunigten Aufbaus von Kernkraftwerken werden in der Sowjetunion neben den ideologischen auch andere, sachliche Argumente angeführt; Argumente, wie sie genauso im Westen üblich sind. Die in mehreren Sprachen erscheinende Zeitschrift »Sowjetunion heute« (diese Zeitschrift wird in der Bundesrepublik Deutschland von der Sowjetischen Botschaft in Bonn verbreitet) schreibt in der Anfang 1977 erschienenen Ausgabe:

»Die Vorräte an konventionellen Brennstoffen sind nicht unbegrenzt, und es muß auch berücksichtigt werden, daß die abgebauten Naturschätze nicht erneuert werden können. Zudem ist es nicht möglich, die erkundeten Kohle- und Erdölvorräte restlos aus dem Inneren der Erde herauszuholen und zu verwerten, obwohl sich die heutige Technik zur Gewinnung von Bodenschätzen auf einem hohen Stand befindet.

. . . Selbst unter Berücksichtigung einer beträchtlichen Verlegung der Produktionskräfte in die östlichen Regionen des Landes wird der größte Teil der Elektroenergie auch in 15 Jahren im europäischen Teil der UdSSR verbraucht werden. Unter diesen Umständen liegt es nahe, die Kernenergie beschleunigt zu entwickeln.

Bekanntlich gibt 1 Kilogramm spaltbaren Urans ebenso viel Wärme ab, wie sie beim Verbrennen von etwa 3 Millionen

Kilogramm bester Steinkohle entsteht. Deshalb sind Kernkraftwerke in Gebieten zweckmäßig, ja notwendig, wo die mineralischen Brennstoffe erschöpft oder fast erschöpft sind, wo die Kohle keinen hohen Heizwert oder, noch schlimmer, einen hohen Schwefel- und Aschegehalt besitzt.

Würde die Menschheit ihren wachsenden Energiebedarf nur durch Verbrennung mineralischer Brennstoffe decken, so wäre eine Energiekrise unvermeidlich, die sowohl in einer Auszehrung der Lagerstätten wie auch in einer gefährlichen Umweltverschmutzung ihren Niederschlag finden würde. Die heute in der ganzen Welt vorhandenen Kohlekraftwerke stoßen jährlich 200 bis 250 Millionen Tonnen Asche und an die 60 Millionen Tonnen Schwefeldioxyd aus; bis zum Jahr 2000 können diese Auswürfe auf 1,5 Milliarden bzw. 400 Millionen Tonnen anwachsen.

Die Lösung des Energieproblems sieht man deshalb in der UdSSR darin, in verstärktem Maße Strom in Kernkraftwerken und – in einer ferneren Zukunft – in thermonuklearen Kraftwerken zu erzeugen.«

Im Zusammenhang mit den Einwänden gegen die verstärkte Nutzung der Kernenergie erinnert die sowjetische Zeitschrift an die Geschichte des technischen Fortschritts:

»Jeder neue Schritt vorwärts stieß auf Widerstand: Die Dampfmaschine, der Verbrennungsmotor, Elektrizität, Telegraf und Rundfunk, ganz zu schweigen von der Luftfahrt.«

Der Vorsitzende des sowjetischen Atomenergie-Komitees, Andranik Petrossjanz, erklärte vor einem Jahr:

»Wenn auch nur die geringste Gefahr für die Bevölkerung bestanden hätte, so hätte man weder in unserem noch in anderen sozialistischen Ländern auch nur ein einziges Kernkraftwerk gebaut, wie wirtschaftlich es auch sein mochte. Indessen ist im zehnten Fünfjahresplan eine vorrangige Entwicklung der Atomenergetik im europäischen Teil der Sowjetunion vorgesehen.«

Zu dem Problem eines Reaktor-Unfall-Risikos berief sich Petrossjanz auf einen amerikanischen Bericht:

»Natürlich wird ein ernstzunehmender Wissenschaftler die Wahrscheinlichkeit des Unwahrscheinlichen nie ganz ausschließen. Die Frage ist nur, wie groß das Risiko eben dieser Wahrscheinlichkeit ist. Vor kurzem errechnete die Koordinations-Kommission der USA für Kernenergie, unter Berücksichtigung aller Angaben, die Wahrscheinlichkeit einer Katastrophe pro 100 betriebener Reaktoren. Das Ergebnis: Einmal in 1 Million Jahren. Bei dieser Wahrscheinlichkeit könnte man die Menschen auch davor warnen, daß das Empire State Building in New York einstürzt.«

Zur Strahlungsgefahr im Zusammenhang mit Kernkraftwerken erklärte Petrossjanz:

»Und nun zu den Befürchtungen über die allgemeine Strahlungsgefahr für die Bevölkerung. Das ist eine unernste und folglich unwissenschaftliche Fragestellung. Zucker und Salz z. B. sind, wenn in übermäßigen Mengen genossen, sehr gefährliche Gifte für das Lebende. Selbst die Luft kann todbringend sein, wenn sie in den Blutkreislauf gerät. Wir leben ständig unter Gefahren, haben es aber gelernt, uns vorzusehen, indem wir uns an bestimmte Regeln halten. Eine kontrollierte, auf wissenschaftlich fundierten Normen beruhende friedliche Nutzung der Kernenergie birgt keine Strahlungsgefahr in sich. Das ist nicht bloß meine Überzeugung, das sind Feststellungen der Wissenschaft. Als 1970 die Internationale Atomenergie-Organisation ein Symposium über Umweltprobleme in der Umgebung von Kernreaktoren durchführte, stellte sich etwas Paradoxes heraus: Kernkraftwerke sind viel sauberer und sicherer als alle anderen Wärmekraftwerke. Sie verursachen keine Rauchfahnen, stoßen keine Asche in die Luft aus und das verwendete Wasser zirkuliert in der Regel in einem geschlossenen Kreislauf.«

Auf das Problem der Entsorgung der Kernkraftwerke eingehend, erklärte der Vorsitzende des sowjetischen Atomenergie-Komitees:

»Die radioaktiven Abfälle werfen Probleme auf, die mit der Entwicklung der Kernenergetik noch komplizierter werden. Jetzt lassen sich die Atomabfälle zu einem überwiegenden Teil noch relativ einfach behandeln, denn sie sind nur mäßig radioaktiv und deshalb nicht so gefährlich. Sie zerfallen rasch, selbst in einfachen Behältern unter einer Wasserschicht. Doch ein bestimmter Teil des Atommülls ist äußerst radioaktiv und muß in hermetisch abgedichteten Behältern gelagert werden. Zwar wurden zuverlässige Abdichtungsverfahren entwickelt, aber die Aussicht auf das Anwachsen dieser Abfälle kann abschrekkend wirken. Zum Glück gibt es Wege zur Verringerung ihres Volumens, so daß sie in leergeförderten Abbauen von Salzbergwerken sicher gelagert werden können. Übrigens ist schon das Vorhandensein von Salz eine Garantie, daß in diese Abbaue noch nie Grundwasser eingedrungen ist, noch je eindringen wird.«

Die sachliche und ideologische Argumentation zur Rechtfertigung des beschleunigten Aufbaues von Kernkraftwerken inder Sowjetunion durch offizielle sowjetische Organe und Funktionäre geschieht nicht in Beantwortung entsprechender kritischer Stimmen, die sich im Lande selbst erheben, sondern hauptsächlich als Reaktion auf die Anti-Atombewegung im Westen. In der Sowjetunion selbst entspricht ja die veröffentlichte öffentliche Meinung immer der Linie der Partei und Regierung, und diese ist in diesem Punkt klar und eindeutig: Beschleunigter Aufbau von Kernkraftwerken und Steigerung des Anteils von Atomstrom an der Gesamtenergieproduktion. Aber auch in den sogenannten Dissidentenkreisen, deren prominentester Vertreter der weltbekannte sowjetische Atomwissenschaftler Sacharow ist, gibt es fast keine Diskussion über diese Angelegenheit. Diese Menschen haben mit ganz anderen Problemen und Sorgen zu tun. Hinweise auf die im Westen verbreiteten Demonstrationen und Anti-Kernenergie-Bewegungen von Studenten bzw. Bürgerinitiativen lösen bei sowjetischen Funktionären, Wissenschaftlern und einfachen Bürgern nur ein ungläubiges Kopfschütteln aus. Dazu ein kleines Erlebnis:

Während des Besuchs einer offiziellen westlichen Delegation in der Sowjetunion stellte ein Mitglied dieser Delegation einem relativ hohen sowjetischen Funktionär die Frage: »Gibt es auch in der Sowjetunion eine unruhige Studentenbewegung bzw. Studentendemonstrationen?«

Die Antwort des sowjetischen Funktionärs auf diese vielleicht etwas naive Frage war kurz, lapidar und entwaffnend:

»Die sowjetischen Studenten sind – wie auch andere sowjetische Jugendliche – innerhalb der Jugendorganisation Komsomol organisiert. Der Komsomol steht voll und ganz hinter den Beschlüssen der KPdSU und der sowjetischen Regierung. Unruhen kann es nur dort geben, wo Unzufriedenheit herrscht, also gibt es solche Studentenunruhen in der Sowjetunion nicht. Demonstrationen – auch von Studenten – gibt es auch in der Sowjetunion: Zum 1. Mai und zum Jahrestag der Oktoberrevolution am 7. November.«

So einfach ist das also aus sowjetischer Sicht.

Wissenschaft und Technologie in der UdSSR haben einen hohen Stellenwert; dies wird in den jeweiligen Resolutionen der Parteitage, des ZK der KPdSU und der Regierung immer wieder hervorgehoben. Das geflügelte Wort von der »wissenschaftlich-technischen Revolution« gehört zum ständigen Vokabular von Resolutionen und Ansprachen.

Der Marxismus-Leninismus ist ja nach sowjetischer Sprachregelung nicht einfach eine »Ideologie«, sondern eine »wissenschaftliche« Ideologie. Der Begriff »wissenschaftlich« wird also gebraucht, um die *objektive* Gültigkeit der herrschenden Ideologie zu beweisen und zu untermauern und um die jeweiligen Schwankungen der Linie und die entsprechenden Beschlüsse der sowjetischen Führung zu rechtfertigen; so verhält es sich auch mit der Kernenergiepolitik.

»Kommunismus – das ist Macht der Sowjets plus Elektrifizierung des gesamten Landes« sagte Lenin. Die Erreichung des ersehnten Zieles kann durch die Anwendung von Kernenergie stark beschleunigt werden – sagen die sowjetischen Politiker und Funktionäre.

Wird das so sein?

Zweifel sind zumindest angebracht!

Der Fall Brasilien – »Geschäft« oder Entwicklungshilfe?

Bernhard Moltmann

I.

Als im Juni 1975 die Öffentlichkeit von dem Abschluß des deutsch-brasilianischen Atomvertrages erfuhr, erregte dies große Aufmerksamkeit. Die einen bejubelten das Abkommen als das »Geschäft des Jahrhunderts«, die anderen sahen in ihm einen weiteren Schritt auf dem Wege der Weiterverbreitung atomarer Waffen. Mit den Verpflichtungen aus dem »Abkommen zwischen der Regierung der Bundesrepublik Deutschland und der Regierung der Föderativen Republik Brasiliens über Zusammenarbeit auf dem Gebiet der friedlichen Nutzung der Kernenergie« – so lautet die amtliche Bezeichnung – ist die Bundesrepublik ein weitreichendes Engagement in der brasilianischen Energiewirtschaft eingegangen. Immerhin umfassen die unmittelbar wirksamen Abmachungen ein Finanzvolumen von 6 Mrd. DM. Neben der Absprache, Kernreaktoren und zugehöriges Brennmaterial zu liefern, steht die deutsche Zusage, Brasilien beim Aufbau eines eigenen nuklearen Brennstoffkreislaufes zu helfen, also außer den nicht-sensitiven Anlagen auch sensitive Technologien zur Verfügung zu stellen. Dazu gehört die Unterstützung bei der Suche und Ausbeutung von Uranerzen ebenso wie die Lieferung von Aufbereitungsanlagen für das Brennmaterial. Der deutsch-brasilianische Atomvertrag ist seinem Umfang nach der größte, der auf diesem Gebiet zwischen zwei Staaten und den beteiligten Unternehmen geschlossen worden ist. Insofern kommt diesem Vertragswerk eine exemplarische Funktion zu, wenn die Frage diskutiert wird, in welchem Umfang sich auch Entwicklungsländer an der Nutzung atomarer Energie beteiligen.

Will man ein Geschäft daraufhin überprüfen, was es wert ist, fragt man danach, was es für die Beteiligten einbringt. Der Umfang des »Geschäftes«, das mit dem deutsch-brasilianischen Atomvertrag anvisiert und mittlerweile in Angriff genommen worden ist, hat die Erwartungen der beiden Partner sehr hoch getrieben. Um die tatsächlichen Ergebnisse zu beurteilen, ist seit dem Abschluß des Vertrages noch zu wenig Zeit vergangen, es sei denn, man mißt den aufgewirbelten politischen Staub und das zerschlagene diplomatische Porzellan in seinem Gefolge. Die deutsche Öffentlichkeit hat von den Absichten und Erwartungen der brasilianischen Seite nur in bescheidenem Maße Notiz genommen. Noch weniger jedoch ist der entwicklungspolitische Horizont bekannt, vor dem sich der gewaltige Technologietransfer abspielen soll. Im Folgenden versuche ich, anhand der deutschen und brasilianischen Position einige der Probleme aufzuzeigen, die sich zwischen Liefer- und Empfängerland von atomaren Anlagen ergeben, insbesondere, wenn das Empfängerland zu der Gruppe der Entwicklungsländer gezählt wird.

II.
Zu den Erwartungen der Bundesrepublik

Der Bundesrepublik ist es mit dem Abschluß des deutsch-brasilianischen Atomvertrages gelungen, auch weltweit auf einem Gebiet der technischen Entwicklung Anschluß zu gewinnen, das bislang weitgehend von den Vereinigten Staaten beherrscht worden war. Daß die deutschen Bäume auch nach den erzielten Erfolgen nicht in den Himmel wachsen, zeigt ein Blick auf die Struktur des Weltmarktes für Kerntechnik. Hier dominieren weiterhin die USA. Von 19 Kernreaktoren, die 1976 außerhalb der herstellenden Länder in Betrieb waren, stammten allein 12 von nordamerikanischen Unternehmen, 3 kamen aus Kanada und je 2 aus der Bundesrepublik und Frankreich. Auch von den im Bau befindlichen 30 Anlagen werden immerhin 17 aus den USA geliefert. Hier liegen allerdings die deutschen Hersteller schon an zweiter Stelle mit 6 Reaktoren vor Frankreich mit 3 Anlagen und der Sowjetunion und Kanada mit je 2. Doch die Bundesrepublik verfolgte mit dem Vertragsabschluß mit Brasilien nicht nur die Absicht, für ihre mittlerweile international konkurrenzfähige Kernkraftindustrie und Nuklearforschung neue Absatzmärkte zu erschließen. Sie erhoffte sich auch, im Gegenzug zu ihren Lieferungen nach Brasilien Zugang zu den Uranvorkommen zu erhalten, die man in dem Lande vermutete. Im Jahr 1974 hatte nämlich der damals wichtigste Uranlieferant der Bundesrepublik, die USA, zu erkennen gegeben, daß der Uranstrom nach Europa und speziell nach Deutschland nicht mehr so breit und ungestört fließen würde wie bisher, sondern daß an weitere Lieferungen Auflagen geknüpft werden sollten. Da zudem der Preis für Uran in den letzten Jahren enorm gestiegen war – kontrolliert durch Absprachen der Uranförderer –, schien es der deutschen Atomwirtschaft geboten, sich nach Quellen umzusehen, zu denen sie ungehindert Zugang erhalten könnte. Mit der Lieferung von technischem Wissen und technischen Anlagen an die daran interessierten Brasilianer glaubte man ein faires Geschäft gemacht zu haben, in dem kein Spielraum für Erpressungen übrig blieb. Daß nach zwei Jahren intensiver Suche nach Uran in Brasilien noch keine nennenswerten Funde gemacht werden konnten, war bei Vertragsabschluß nicht absehbar.

Der Höhe der Erwartungen und der Lieferungszusagen entsprach auch das unternehmerische und finanzielle Engagement der deutschen Seite. Immerhin wurden zwei Drittel des Finanzvolumens durch deutsche Kredite oder Zusagen gedeckt, während die brasilianischen Stellen zunächst nur ein Drittel der Summe aufzubringen hatten.

Mit ihren intensivierten Exporten von Kernreaktoren und dem dazugehörenden technischen Wissen ist die Bundesrepublik in das Spannungsverhältnis hineingeraten, das hier zwischen denjenigen Staaten besteht, die über dieses Wissen und diese Technik verfügen, und denen, die bislang davon ausgeschlossen sind. Galt bisher im weltpolitischen Kontext die simple Trennungslinie zwischen den wenigen Staaten, die Atomwaffen besaßen, und der großen Zahl, die diese nicht besaßen, so ist dieses Bild nach der Entwicklung der letzten Jahre zu korrigieren. Es gibt jetzt mehr Länder, die das Kriterium der Macht beanspruchen, nämlich die Atomenergie und ihre Anwendungsmöglichkeiten in der Hand zu haben. Zu dem scheinbar engen Bereich der militärischen Nutzung ist der vermeintlich breitere der nicht-militärischen, der sogenannten »friedlichen« Nutzung gekommen. Allerdings spielt es bei der Beurteilung der Situation eine wichtige Rolle, daß in der Praxis der militärische und der nicht-militärische Bereich schwer voneinander zu trennen sind. Die Geräte, das Material, sogar das Bedienungspersonal lassen sich wechselseitig für beide Zwecke einsetzen. Der Wert der Atomenergie als Attribut politischer und wirtschaftlicher Macht ist noch gestiegen, seitdem ihre nicht-kriegerische Verwendungsmöglichkeit international so an Bedeutung gewonnen hat.

Der deutsch-brasilianische Atomvertrag regelt deshalb nicht nur den Austausch von Waren, er berührt das System der politischen Machtverteilung insgesamt: Der derzeitige, mehr oder minder krieglose Zustand der Welt beruht auf dem noch festgeschriebenen atomaren Ungleichgewicht. Wenn der Zugang zur Kernenergie und ihren konstruktiven, aber auch ihren destruktiven Verwendungsmöglichkeiten erweitert wird, erhält die momentan noch herrschende Stabilität einen schweren Schlag. Diese politische Dimension, die dem deutsch-brasilianischen Vertrag eigen ist, ist in der deutschen Diskussion zu kurz gekommen. Hier gewannen wirtschaftspolitische Argumente die Oberhand und führten zu fast trotzigen Reaktionen, wenn auf die immanenten Gefahren des Vertragswerkes aufmerksam gemacht wurde.

Dabei deuten schon die Bestimmungen, die den Transfer regeln, auf die nichtwirtschaftlichen Probleme hin, die dem Vertragswerk innewohnen. Brasilien muß sich einer Reihe von Kontrollen unterwerfen, die seine politische Souveränität und rechtliche Autonomie einschränken. Die Bundesrepublik hat sich als Lieferland Rechte ausbedungen, die weit über den Zeitraum der Lieferung und Installation der zugesagten Geräte hinausreichen. Sollten während der Laufzeit der Verträge Veränderungen auf dem Gebiet der technisch möglichen Sicherheitsvorkehrungen eintreten, so sind diese zu übernehmen. Damit kann sich das Gesicht des Vertrages noch erheblich ändern. Da sich der Transfer weitgehend in einer »Einbahnstraße« abwickelt, Brasilien also zur Kompensation der deutschen Lieferungen nur auf die zu erwartenden Uranfunde hinweisen kann, ist es gezwungen, diese Konditionen anzunehmen.

Die hohen Sicherheitsanforderungen, die die Lieferanten angesichts des bestehenden Risikos stellen, engen die Zahl der Empfängerländer erheblich ein, denn nur wenige sind in der Lage, zumindest die drei folgenden Bedingungen zu erfüllen:

– Erstens müssen sie über Personal verfügen, das die gelieferten Anlagen bedient, überwacht und wartet. Je besser das Personal ausgebildet ist, desto geringer ist die Gefahr eines Unfalls. Gleichzeitig steigt jedoch die Gefahr einer unkontrollierten Weiterverwendung des erworbenen Wissens.
– Zweitens müssen die Empfängerländer über ein ausreichendes Wirtschaftspotential verfügen, um die Kosten für Installation und Betrieb der Kernreaktoren und weiterer Anlagen langfristig zu übernehmen. Eine funktionsfähige Infrastruktur ist für den Aufbau und Betrieb der Einrichtungen unabdingbar. Schließlich müssen Aussichten bestehen, daß die Wirtschaft wächst und sich damit der hohe finanzielle und politische Einsatz lohnt.
– Drittens muß ein solches Maß an innenpolitischer Stabilität gewährleistet sein, daß die Gefahr des Mißbrauchs zunächst ausgeschaltet bleibt.

Diese drei Bedingungen schienen in Brasilien zumindest erfüllt zu sein.

III.
Zu der brasilianischen Position

Trotz der Probleme, die nach dem bisher Gesagten auf Brasilien zukommen, hat sich die brasilianische Regierung zum Abschluß des Vertrages mit der Bundesrepublik entschlossen und hält auch weiterhin daran fest. Im Gegenteil, die internationale Diskussion in den Jahren seit dem Vertragsabschluß hat sie in dieser Haltung eher noch bestärkt. Die Position, die Brasilien dabei einnimmt, ist weitgehend auf jene »Energie-Euphorie« zurückzuführen, wie sie in den fünfziger und sechziger Jahren von den Industrieländern ausging. Der Umfang der wirtschaftlichen Leistungskraft eines Landes wurde an der Höhe seines Energieverbrauches gemessen. In dieser Hinsicht stehen die Entwicklungsländer schlecht da. Nach Angaben von Sigvard Eklund, dem Leiter der Atomenergiebehörde der UN in Wien, sind die Entwicklungsländer nur mit 10% an dem derzeitigen Weltenergieaufkommen beteiligt. Die Kernreaktoren, die im Augenblick bereits in diesen Staaten arbeiten, erzeugen weniger als 1% der Elektrizitätsleistung aller Entwicklungsländer. An der weltweiten Energieerzeugung durch Kernreaktoren sind sie mit ca. 3% beteiligt. Wenn alle Kernkraftwerke, die derzeit geplant oder im Bau sind, bis 1985 ihren Betrieb aufnehmen, wird der Anteil der Entwicklungsländer an der gesamten Kernenergiekapazität der Welt auf 9% angestiegen sein. So lauten relativ optimistische Prognosen. Allerdings bestätigen die Zahlen die Annahme, daß von der großen Zahl der Staaten in dieser Ländergruppe tatsächlich nur ein kleiner Kreis als Abnehmer in Frage kommt.

Brasilien befindet sich mit seinen Plänen zum Aufbau einer eigenen Atomwirtschaft in einer Reihe mit Argentinien und Mexiko (in Lateinamerika), Ägypten und Libyen (auf dem afrikanischen Kontinent), Irak und Saudi-Arabien (im Vorderen Orient) und mit den asiatischen Staaten Indien, Pakistan, Südkorea, dem Iran, den Philippinen, Indonesien, Thailand, Taiwan und Bangla Desh. Nimmt man einmal Bangla Desh aus, weil man hier nicht weiß, ob hinter der Absichtserklärung tatsächliches Interesse oder Verkaufsabsichten der beteiligten Firmen stehen, dann gehören die genannten Staaten alle zu einer besonderen Gruppe innerhalb der Entwicklungsländer. Ja, man kann unter gewissen Gesichtspunkten der These folgen, sie hätten den Bereich der Entwicklungsländer schon verlassen. Andererseits haben sie noch nicht den Entwicklungsstand der Industrieländer der sogenannten 1. und 2. Welt erreicht. Ihrer Position von »Schwellenmächten« entspricht weitgehend ihr politisches Verhalten. In Fällen der politischen und wirtschaftlichen Konfrontation mit den Industriestaaten treten sie als Fürsprecher der 3. Welt auf. Innerhalb dieser Gruppe beanspruchen sie jedoch eine Führungsrolle, die sie häufig mit massiven Mitteln gegenüber ihren wirtschaftlich und politisch schwächeren Nachbarn durchzusetzen suchen. Auf dem Gebiet der Kernenergie üben sie untereinander Solidarität, soweit es darum geht, den Nuklearmächten Rechte abzutrotzen und das Verlangen nach Teilhabe an der Atomkraft zu behaupten. Wenn es jedoch um die wechselseitige Kooperation oder eine Unterstützung geht, wie z. B. um die gemeinsame Ausbeutung von Lagerstätten von Uranerzen oder um die Nutzung von Wiederaufbereitungsanlagen, siegen der nationale Egoismus und das Konkurrenzdenken.

Ordnet man diese Staaten in den weltpolitischen Kontext ein, so stellt man fest, daß sie im wesentlichen zu Regionen großer innerer und äußerer politischer Instabilität gehören. Damit wächst die Wahrscheinlichkeit, daß das Interesse an der Kernenergie sich nicht nur auf die friedlichen Aspekte dieser Energiequelle, sondern auch auf die militärischen Nutzungsmöglichkeiten bezieht. In Zeiten der politischen Spannung reicht allein der Verdacht, die Atomkraft könne zu destruktiven Zwecken eingesetzt werden, aus, um eine politische Wirkung zu erzielen. Die Diskussion um die Zündung einer Atombombe in Südafrika dient hier als Beispiel.

Auf seiten der Lieferanten wird trotz des harten Wettbewerbs auf dem Weltmarkt die Gefahr gesehen, daß die Atomenergie von den Empfängerländern rasch und mit einfachen Mitteln in ein Werkzeug der militärischen Bedrohung verwandelt werden kann. Internationale Absprachen sollen dieser Entwicklung vorbeugen. Ob sie Erfolg haben werden, ist offen. Vergessen wird dabei jedoch, daß in der Mitte der fünfziger Jahre die damaligen Atomwaffenmächte, allen voran die USA, erhebliche Anstrengungen unternommen haben, um die zivile Nutzung der Kernenergie voranzutreiben. Die sowjetischen Erfolge in der Nuklearforschung hatten gezeigt, daß die Vereinigten Staaten, Großbritannien und partiell Kanada ihre bisherige Monopolstellung auf diesem Gebiet nicht halten konnten. So erschien eine Ausbreitung der Kernenergie sinnvoll, solange sie unter Aufsicht der Nuklearwaffenstaaten erfolgte, die sich den Zugriff über das spaltbare Material vorbehalten wollten. Außerdem drängten die finanziellen Lasten der Nuklearforschung dazu, deren Ergebnisse nicht nur auf den Rüstungsbereich zu beschränken, sondern auch anderweitig zu verwerten. »Atoms for Peace« – »Atome für den Frieden« lautete die Devise für den Optimismus, hier eine neue Energiequelle gefunden zu haben. Sie versprach, sich überall erzeugen zu lassen und billig sowie nahezu unbegrenzt vorhanden zu sein. Die gestarteten Programme bezogen alle interessierten westlichen Staaten ein und förderten eine intensive Forschung und Praxis, allerdings unter dem Schirm der Nuklearwaffenstaaten. Versuche Brasiliens beispielsweise, außerhalb dieses Einflusses weiterzukommen, scheiterten schnell angesichts nordamerikanischer Interventionen.

Die Geister begannen sich in der Mitte der sechziger Jahre zu scheiden, als die Verhandlungen für den Atomwaffensperrvertrag und über die Schaffung einer atomwaffenfreien Zone in Lateinamerika geführt wurden. Im Falle Brasiliens etablierte sich in dieser Zeit auch das gegenwärtige Militärregime. Brasilien und mit ihm andere Staaten aus der Gruppe der »Schwellenmächte« wehrten sich – verkürzt gesagt – dagegen, ihre Atomwirtschaft einer internationalen Kontrolle zu unterwerfen und auf einen vollkommenen Verzicht von atomaren Explosionen einzugehen. Sie bedienten sich dabei der Unterscheidung zwischen militärischen atomaren Zündungen und solchen für friedliche Zwecke. Brasilien führte beispielsweise seine Absichten ins Feld, damit große Sprengungen im Amazonasgebiet oder Ölbohrungen durchführen zu wollen. In dem Verbot, auch diese Möglichkeiten der Kernenergie auszuschöpfen, sah man ein gerütteltes Maß an Diskriminierung, weil hinter den Verbotsabsichten der Wunsch der Nuklearwaffenmächte stehe, den Entwicklungsländern diese Technologie und Energiequelle vorzuenthalten. Damit würde – so lautete die These – die vorhandene Trennung zwischen arm und reich, zwischen unterentwickelt und entwickelt festgeschrieben.

Mit dem gleichen Argument verteidigt Brasilien auch in der Gegenwart seinen Entschluß, dem Atomwaffensperrvertrag nicht beizutreten. In dem Atomgeschäft mit der Bundesrepublik sieht es gute Chancen, eine unabhängige Atompolitik zu realisieren, die das Land schließlich in die Lage versetzen soll, selbst zum Exporteur dieser Technologie zu werden. Der Entschluß, sich verstärkt der Atomenergie zuzuwenden, fiel in die Zeit nach der Erdölkrise im Jahr 1973. Brasilien muß gegenwärtig über 80% seines Erdölbedarfs aus Einfuhren decken. Bei noch ansteigendem Ölverbrauch belastet dies die Zahlungsbilanz des Landes gewaltig und legt es nahe, nach anderen Energieträgern zu suchen. Außerdem schien es mit den übrigen Plänen für das anvisierte wirtschaftliche Wachstum und mit der beanspruchten Rolle einer Großmacht nicht vereinbar, wenn sich auf dem Energiesektor kein größeres Maß an Autarkie erreichen ließ. Hier mischen sich schon außenpolitische Aspirationen ein, denn Brasilien mißt seine Nuklearpolitik vor allem an der seines südlichen Nachbarn Argentinien. In diesem Land ist bereits ein Kernreaktor in Betrieb, der nach einem anderen Verfahren arbeitet als die geplanten brasilianischen Modelle. Die außenpolitischen Gesichtspunkte erhalten noch mehr Gewicht durch das militärische Interesse an der Atomenergie. Die Veränderungen der strategischen Lage im Raum des Südatlantik haben die Annahme einer externen Bedrohung unter den brasilianischen Generälen verstärkt. Die Bedeutung der außenpolitischen Argumente zahlt sich innenpolitisch für das Regime aus, weil die brasilianische Regierung die Kritik der Opposition an dem deutsch-brasilianischen Atomvertrag mit dem Hinweis auf erreichten Prestigegewinn zurückweisen kann. Die Tatsache, daß der Protest der USA gegen das Nukleargeschäft mit dem Engagement der Carter-Administration in der Menschenrechtsfrage zusammenfällt, nahm außerdem den Regierungsgegnern den Wind aus den Segeln. Jegliches Bemühen um die Achtung der Menschenrechte im Lande ließ sich als Unterstützung der nordamerikanischen Position insgesamt auslegen – ein Verhalten, das auch die Opposition von sich wies. Das nordamerikanische Vorgehen galt gemeinhin als abzulehnende Einmischung in innerbrasilianische Verhältnisse.

Die in hohem Maße außenpolitisch orientierte Diskussion hat relevante Argumente gegen die brasilianische Atompolitik verdeckt, die sich vor allem auf wirtschaftliche Aspekte beziehen. Sie lassen sich in fünf Punkten zusammenfassen:

– 1. ist frühestens in zehn Jahren mit einer spürbaren Entlastung der brasilianischen Energiebilanz durch die Kernreaktoren zu rechnen.
– 2. weist der brasilianische Energiebedarf besondere Strukturen auf: Ein großer Teil des Erdölverbrauchs fließt in den Transportbereich. Für Heizwärme besteht in Brasilien kein Bedarf. Kernenergie wird als Ersatz nicht gebraucht.
– 3. verfügt Brasilien im Bereich der elektrischen Energie, zu dessen Ausbau die Kernreaktoren bestimmt sind, mit der vorhandenen Wasserkraft über gewaltige Ressourcen, die erst zu einem Sechstel ausgeschöpft sind. Sie zu nutzen, würde auch billiger sein, als das Nuklearprogramm zu realisieren.
– 4. sind die Erfahrungen, die Länder mit ähnlicher geographischer Ausdehnung wie Brasilien mit dem weiträumigen Transport von Energie gemacht haben, noch nicht ausgewertet worden.
– 5., so beklagen brasilianische Beobachter, seien die Auswirkungen noch nicht reflektiert worden, die eine mögliche Ballung von Energieerzeugern in den industrialisierten Teilen des Landes auf die regionale Struktur und Gewichtsverteilung insgesamt haben. Es besteht die Gefahr, daß sich damit die demographischen, ökologischen und ökonomischen Gegensätze noch vertiefen.

Kehrt man zu der Ausgangsfrage unserer Betrachtung zurück, zu der Frage nach dem Wert des »Geschäfts«, so drängt sich der Eindruck auf, daß der deutsch-brasilianische Atomvertrag einem Danaergeschenk gleicht, dessen tatsächlicher Inhalt erst nach Jahren zum Vorschein kommt.

IV.

Der Versuch, aus der Erörterung des Umfeldes zu dem deutsch-brasilianischen Atomvertrag Schlußfolgerungen für den gesamten Problembereich: Entwicklungsländer – Atomenergie zu ziehen, mündet in fünf Thesen ein:

1. Die Nuklearmächte sind an dem Streben der »Entwick-

lungsländer«, auch über diese Technologie zu verfügen, ursächlich beteiligt. Als Abnehmer kommen jedoch nur die »Schwellenmächte« in Frage.

2. In der Hand der Nicht-Nuklearmächte ist die Atomtechnologie vor allem ein Element der Außenpolitik, das sie gegenüber ihren Konkurrenten, aber auch gegenüber den Nuklearmächten ins Spiel bringen.

3. Der hohe außenpolitische Stellenwert der Nukleartechnologie ist innenpolitisch für solche Regime attraktiv, deren Legitimationsbasis umstritten ist. Hier taucht ein scheinbarer Widerspruch auf: Ist einerseits innenpolitische Stabilität Voraussetzung dafür, daß in einem Entwicklungsland eine Nukleartechnologie aufgebaut werden kann, so verspricht andererseits gerade eine erfolgreiche Politik auf diesem Sektor, die Machtstrukturen zu verfestigen.

4. Die Diskussion der wirtschaftlichen und technischen Dimensionen bei der Nutzung von Kernenergie vollzieht sich vor einem vollkommen offenen Zeithorizont. Obwohl auf der einen Seite davon absorbiert, kurzfristige Probleme der Versorgung und Steuerung des Wirtschaftsprozesses zu lösen, wenden sich die Regierungen von Entwicklungsländern auf der anderen Seite Zukunftsvisionen zu. Es fehlen weitgehend die Instrumente der Planung und Prognose, um die Zwischenstufe zwischen beiden Extremen zu formulieren.

5. In zahlreichen Fällen vollziehen »Entwicklungsländer« den Schritt zur Kernenergie mit der Hoffnung, politisch und wirtschaftlich ein größeres Maß an Autarkie und Autonomie zu gewinnen. Aber selbst wenn das Verhältnis zwischen Einfuhr und Ausfuhr durch die Ausschöpfung neuer Energiequellen günstiger gestaltet werden kann, müssen die Lasten im Auge behalten werden, die für die Zahlungsbilanz aus den zu erbringenden Leistungen für den Technologietransfer insgesamt erwachsen. Gerade die Nukleartechnologie bringt Formen der Abhängigkeit mit sich, die sich nicht mit den traditionellen Maßstäben messen lassen.

Die Verbreitung von Kernwaffen und Kerntechnik

Constanze Eisenbart

I.

Die Menschheit wird heute auf vielfältige Weise durch Prozesse bedroht, die sie selbst ausgelöst hat. Umweltzerstörung, Bevölkerungsexplosion, Verschwendung nichtregenerierbarer Rohstoffe, Erosion der gewachsenen Kulturen, Sprengung der regulativen religiösen, gesellschaftlichen und politischen Wertordnungen geben Anlaß zu besorgten Warnungen und haben eine Flut von Überlegungen und Vorschlägen zu ihrer Diagnose und Bewältigung hervorgerufen. Sie alle werden in den Schatten gestellt durch die Gefahren eines großen atomaren Vernichtungskrieges. Kernspaltung ist zu einem Symbol für jene Bedrohungen geworden, die von dem rastlosen Erfindungsgeist der Menschen zwar in die Welt gebracht wurden, deren Bändigung aber immer unwahrscheinlicher wird. Das mag die Leidenschaft erklären, mit der heute die Auseinandersetzung um Kernwaffen und Kerntechnik geführt wird. Noch dreißig Jahre nach Hiroshima und Nagasaki ist der Schrecken über die furchtbaren Bilder der Zerstörungen stärker als jede Versuchung, die kriegsentscheidende Wirkung einer Atombombe erneut zu erproben. Während biologische und chemische Waffen verwendet wurden, die ebenso verheerend und ebenso unsichtbar wirken wie radioaktive Strahlen, war keine internationale Krise der letzten 30 Jahre imstande, die nahezu magische Barriere zu durchbrechen, die der Benutzung von Atomwaffen entgegensteht. Auch im weiten Feld des Umweltschutzes konzentrieren sich auf die *Kernenergie* all jene Besorgnisse, die andere zerstörerische Potentiale, trotz zahlloser Warnungen, nicht wachrufen konnten. Das mag seine irrationalen Momente haben; aber können wir wirklich behaupten, daß das öffentliche Bewußtsein irrt, wenn es von der Angst getrieben wird, mit der Entscheidung für diese Energieform sei ein »faustischer Pakt« abgeschlossen und eine geschichtliche

Schwelle überschritten worden, die in ein Zeitalter voll dunkel geahnter Schrecken führen kann?

II.

Wenn in ein politisches Weltsystem, dessen Mitglieder einander mit Mißtrauen, Neid und Konkurrenzgefühlen gegenüberstehen, ein Energiepotential eingeführt wird, das sich in mehrfacher Hinsicht von allen Machtmitteln unterscheidet, die der Menschheit in ihrer bisherigen Geschichte zur Verfügung standen, treten strukturelle Unvereinbarkeiten zwischen veralteten politischen und »modernen« technischen Instrumenten zutage:

1. Die Differenz ist zum ersten *quantitativ*. Die Energiereserven, die durch Kerntechnik – gebändigt als Strom und Prozeßwärme, explosiv in den Zerstörungswaffen – verfügbar gemacht werden können, sind praktisch unendlich groß. Wollen wir sie nicht zur Vernichtung der Menschen oder der Biosphäre gebrauchen, stellt ihre Handhabung Anforderungen an die freiwillige Selbstbeschränkung der einzelnen Gesellschaften, wie sie bisher politische Organismen nur in relativ kurzen Krisenphasen und unter starkem Druck zustande gebracht haben (ein Beispiel wäre die deutsche Kriegswirtschaft des Ersten Weltkriegs). Ob Staaten solches Verhalten einüben können, ohne sich in autoritäre Polizeimaschinen zu verwandeln, ist eine offene Frage.

2. Ein »qualitativer Sprung« vollzieht sich auch in dem *zeitlichen* Horizont, der zu bedenken ist. Noch nie haben Menschen vor der Aufgabe gestanden, so bewußt irreversible Entscheidungen über die politische, gesellschaftliche, wissenschaftliche und wirtschaftliche Organisation von ganzen Erdteilen für sehr lange Zeiträume zu treffen. Es ist mehr als fraglich, ob verhältnismäßig kurzlebige Gebilde wie Einzelstaaten, deren Lebensdauer nach allen geschichtlichen Erfahrungen viel kürzer ist als die Halbwertzeiten der in ihrem Auftrag produzierten strahlenden Substanzen, legitimiert sind, über die Existenzbedingungen kommender Generationen zu verfügen oder Prozesse in Gang zu bringen, die große Teile der gesamten Menschheit vernichten können.

3. Das Energiepotential von Kerntechnik und Kernwaffen sprengt den *räumlichen* Bezugsrahmen überkommener politischer Organisationen und traditionellen politischen Denkens. Diese Entwicklung wurde durch andere technische Großsysteme (Luftfahrttechnik, Raketentechnik, Kommunikationstechnik, konventionelle Waffentechnik) schon eingeleitet; sie gewinnt aber im atomaren Bereich eine Unentrinnbarkeit, die langfristig politische Auswirkungen haben muß.

So enthüllt sich die Hilflosigkeit einer veralteten politischen Organisationsform, die unter den Bedingungen der Agrarkultur ausgebildet wurde, und die auf Herausforderungen durch eine Technologie, deren hochkomplexe Wirkungsströme in den uns geläufigen politischen, wirtschaftlichen und gesellschaftlichen Kategorien weder angemessen beschrieben noch gesteuert werden können, nicht adäquat zu reagieren vermag.

III.

Seit einigen Jahren ist die Diskussion über die Verbreitung von Kerntechnik und Kernwaffen mit neuer Schärfe entbrannt. Sie wurde durch zwei Ereignisse ausgelöst, die auf den ersten Blick nichts miteinander zu tun hatten, deren Gemeinsamkeit jedoch darin liegt, daß sie der internationalen Öffentlichkeit unübersehbar vor Augen führen, wie rasch lokale Konflikte Entwicklungen auslösen können, die das wirtschaftliche und politische System der ganzen Welt in seinem ohnehin prekären Gleichgewicht bedrohen. Das eine Ereignis war das Ölembargo von 1973 und die von den OPEC-Ländern diktierte Erhöhung der Weltmarktpreise für Mineralöl. Zum erstenmal wurde sehr vielen Menschen bewußt, in welchem Grade selbst reiche und mächtige Länder von Energieimporten abhängig sind. Die »Ölkrise« leitete Prozesse ein, »welche die Grundfesten der Europäischen Gemeinschaft, des westlichen Bündnissystems und des Verhältnisses zwischen den entwickelten und weniger entwickelten Teilen der Welt erschütterten« (K. Kaiser). Das andere Ereignis war die unterirdische Atomexplosion in der indischen Rajasthan-Wüste am 18. Mai 1974; sie symbolisierte für viele den Beginn einer neuen Epoche des Atomzeitalters.

»Erst jetzt«, schreibt ein amerikanischer Autor, »mühsam und fast zu spät, fängt die Welt an, sich der Unausweichlichkeit weltweiter Verbreitung der Fähigkeit zur Herstellung von Kernwaffen bewußt zu werden und zu begreifen, was das bedeutet.« (Lowrance)

Lange Zeit hatte es den Anschein gehabt, als bliebe die nuklearpolitische Landschaft stabil. Eine klare Unterscheidung zwischen friedlicher Nutzung und Waffentechnologie schien möglich. Seit Präsident Eisenhower, sicher nicht ohne Rücksicht auf die wirtschaftlichen Chancen, die in der Verbreitung kommerziell nutzbarer kerntechnischer Einrichtungen zu liegen schienen, 1953 das »Atoms for Peace«-Programm verkündet hatte, breitete sich in einer Reihe von wirtschaftlich und wissenschaftlich fortgeschrittenen Staaten die Kern*energietechnik* aus, während die Zahl der Kern*waffen*besitzer stagnierte. Der exklusivste Club der Welt, der »Club der Kernwaffenmächte«, schien nach dem »Beitritt« Frankreichs (1960) und Chinas (1964) geschlossen worden zu sein. Politische Anstrengungen in diesem Feld konzentrierten sich auf Nichtverbreitungs-, Kontroll- und Teststoppverträge. Dem weltweiten Vertrag zur Nichtverbreitung von Kernwaffen (NPT) traten auch einige der Staaten bei, die allgemein als mögliche Atomwaffenbesitzer angesehen wurden, wie Taiwan, Südkorea und der Iran. Andere »Schwellenmächte«, wie Brasilien und Argentinien, haben wenigstens den regionalen Vertrag über das Verbot von Kernwaffen in Lateinamerika unterzeichnet, wenn sie sich auch nach wie vor weigern, den Nichtverbreitungsvertrag zu unterschreiben. Israel und Südafrika schüren das Gerücht, im Besitz von Atombomben zu sein; aber im übrigen schrecken Staatsmänner und Militärs selbst in Krisengebieten vor dem Einsatz der Hiroshima-Waffe zurück. Dieser partielle »Burgfrieden« wurde 1974 durch Indien gebrochen. Seine lautstarken Beteuerungen, die Atombombe sei ausschließlich zu friedlichen Zwecken gezündet worden, fanden wenig Glauben. Die Machtdemonstration gegenüber dem mit China verbündeten Pakistan war allzu deutlich. Die Weltöffentlichkeit war schokkiert; Kanada erklärte sofort einen Lieferstopp für alle nuklearen Materialien und Einrichtungen. Besonders leidenschaftlich wurde die Diskussion in den USA geführt. Offenbar war das erst mit diesem Ereignis völlig deutlich geworden, welche Konsequenzen die weitere Verbreitung von Kerntechnologie über den ganzen Globus haben könnte. Adlai Stevenson III., der wenige Monate nach der indischen Explosion einen Warnruf veröffentlichte, in dem er auf die Wirkungslosigkeit der Kontrollen durch die Internationale Atomenergieorganisation (IAEO) hinwies, die nicht verhindern könnten, daß Plutonium »abgezweigt« wird, forderte ein allgemeines Moratorium für die Lieferung von Brennstoff, Technologie und allem mit Kerntechnik zusammenhängenden Material. Dadurch sollte Zeit gewonnen werden, um wirkungsvollere Kontroll- und Sicherheitsmaßnahmen auszuarbeiten. Wiederaufbereitungsanlagen dürften nicht in denselben Ländern errichtet werden, an die man Reaktoren geliefert hätte. Der Export von Plutonium müsse international verboten werden. Abgebrannte Brennelemente sollten dem Lieferland zurückgeschickt werden. Um zu verhindern, daß multinationale Firmen solche Regelungen unterlaufen, seien wirksame Strafmaßnahmen vorzubereiten. Die Hauptlieferländer von Kernanlagen – die Vereinigten Staaten, Kanada, Frankreich, Großbritannien, die Sowjetunion und die Bundesrepublik Deutschland – sollten sich darauf einigen, keine Brennstoffe an Staaten zu geben, die diesen Bedingungen nicht zustimmen. Die Einigung sollte auch Ersatzteile und unentbehrliche Ausstattungen wie Computer umfassen.

Dieser Vorschlag von Stevenson liest sich wie die Gründungsakte des Londoner »Clubs der Lieferländer«, der 1975, eineinhalb Jahre nach der indischen Atomexplosion, auf amerikanische Initiative zusammentrat. Ihm gehörten bei der Gründung vier der fünf Atomwaffenstaaten an (nur China nicht), dazu Kanada, Japan und die Bundesrepublik. Alle Verhandlungen dieses »Clubs« finden unter strikter Geheimhaltung statt. Bei der ersten Sitzung in London einigte man sich auf Richtlinien über Lieferungsauflagen, denen alle Empfängerländer zustimmen müssen. Sie sind strenger als die Bestimmungen des Nichtverbreitungsvertrags und entsprechen etwa den Kontrollauflagen des deutsch-brasilianischen Vertrags. Inzwischen hat der »Club der Lieferländer« 15 Mitglieder. Ob er dadurch effizienter geworden ist, soll dahingestellt bleiben. Seinen aktuellen Zweck jedenfalls, die Verhinderung der Verträge zwischen Frankreich und Pakistan und zwischen der Bundesrepublik und Brasilien, hat er nicht erfüllt. Die Politik der Regierung Carter hat den Londoner Club nicht überflüssig gemacht, aber sie hat seine Bedeutung etwas relativiert. Die deutsche wie die französische Politik des Verkaufs von ganzen Brennstoffzyklen an Länder der Dritten Welt sind nicht mehr Gegenstand von Geheimverhandlungen. Beide Staaten haben sich bereiterklärt, darauf in Zukunft zu verzichten.

IV.

Ob in diplomatischen Aktionen oder auf Gipfeltreffen: seit 1974 betreiben die US-Regierungen eine konsequente und zunehmend energische Nichtverbreitungspolitik. Dabei nehmen sie bewußt wirtschaftliche und politische Verdächtigungen aller Art und harte innenpolitische Widerstände in Kauf, weil sie wissen, daß die Verbreitung von Nukleartechnik und Nuklearwaffen nicht mehr voneinander getrennt werden kann, und weil sie die weitere Proliferation von Nuklearwaffen unter allen Umständen verhindern wollen, um der wachsenden Gefahr eines zwar noch regional beginnenden, aber sich dann rasch global ausweitenden Atomkrieges gegenzusteuern.

Diese Politik ist bei vielen Regierungen wenig beliebt, findet aber in der Öffentlichkeit breite Unterstützung. Nachdem man sich lange Jahre der Täuschung hingegeben hatte, es sei möglich, die Kernenergie auszubauen und über die ganze Welt zu verbreiten, ohne gleichzeitig die technologischen und die materiellen Voraussetzungen für die Proliferation von Atomwaffen zu schaffen, schwingt das Pendel der internationalen Diskussion jetzt auf die andere Seite. Auch verantwortlich denkende Politiker beginnen, die Warnungen der Experten ernst zu nehmen und sich zu fragen, ob die vermuteten wirtschaftlichen Vorteile einer weltweiten Kernenergieerzeugung die Nachteile aufwiegen würden, die sich daraus ergeben müssen, daß 20 bis 40 Staaten Atombomben besitzen und jedes andere Land sich schnell und billig eine solche Waffe beschaffen könnte. Wie

Carl Friedrich von Weizsäcker betont, ist das Problem der Proliferation von Kernwaffen das entscheidende Problem der gesamten Kerntechnik. Schon heute sind zahlreiche Länder in der Lage, die Kenntnisse und Anlagen zu erwerben, die sie in Stand setzen, verhältnismäßig kurzfristig atomare Sprengkörper zu bauen. Die Motive dazu reichen von militärischem Sicherheitsbedürfnis, ja Existenzangst, über den Wunsch nach politischer und militärischer Unabhängigkeit, nach Großmachtstellung und Mitspracherecht im Kreis der Atomwaffenstaaten bis zu der Erwartung, daß sich aus dem Aufbau einer Atomrüstungsindustrie Impulse für die Belebung von nationalen Wirtschaften ergeben könnten. Die bisherige Politik der Nuklearstaaten mußte viele Regierungen in der Überzeugung bestärken, daß erst der Besitz von Kerntechnik, ja eigentlich erst der Besitz von Kernwaffen internationale Gleichberechtigung verleiht. Inzwischen liegt ein umfangreicher Katalog von Vorschlägen zur Steuerung und Beschränkung der nuklearen Proliferation vor. Aber alle Sachverständigen sind sich darin einig, daß die Entwicklung bestenfalls zu bremsen, im Rahmen der bestehenden politischen Weltorganisation jedoch nicht aufzuhalten ist. Die Widersprüchlichkeit und Vielfalt der Momente, durch welche die Verbreitung von Kerntechnik und Kernwaffen vorangetrieben wird, führt dazu, daß jede Maßnahme, die einem bestimmten Motiv entgegenwirken soll, andere Motive verstärkt ins Spiel bringt.

Die Anstrengungen der amerikanischen und sowjetischen Regierung, ihre abbröckelnde Kontrollfunktion in diesem Feld wieder zu festigen, treffen auf wachsenden Widerstand. Sie sind weltpolitisch konservativ und darauf gerichtet, einen Status quo festzuschreiben, der schon in Auflösung begriffen ist. Der Leitgedanke dieses Konzeptes heißt »Diskriminierung«, das ist: gewollte und konsequente Ungleichbehandlung der internationalen Partner. Er zielt ab auf die Erhaltung jener nuklearen Vier-Klassen-Gesellschaft, die sich in den letzten 25 Jahren herausgebildet hat:

1. Die »oberste Klasse«, die Kern*waffen*staaten, verfügen nicht nur über volle Brennstoffzyklen, sie entziehen diese auch, soweit sie militärischen Zwecken dienen, jeder internationalen

Kontrolle. Dadurch haben sie eine internationale Vorzugsstellung, die sie nachdrücklich zu sichern versuchen.

2. Diejenigen Kernenergiestaaten, die einen vollen Brennstoffzyklus besitzen oder im Begriff sind, ihn aufzubauen, und die Lieferanten von Kraftwerken sind, bilden die »zweite Klasse«. Sie betreiben, je nach ihrer Position im Einflußfeld der Supermächte, sehr unterschiedliche Politik. Während Kanada und einige Ostblockstaaten ihre sogenannten sensitiven Anlagen nur für den Eigenbedarf nutzen und sich, sofern sie überhaupt exportieren, auf die Lieferung von Kernkraftwerken beschränken, versuchte etwa die Bundesrepublik – angetrieben von einer schwer entwirrbaren Mischung aus Wirtschaftsinteressen, außenpolitischer Instinktlosigkeit, Berufung auf angebliche technische Zwänge, dem Bedürfnis, sich Handlungsspielraum gegenüber den USA zu ertrotzen, sowie dem Wunsch, einen separaten Zugang zu Uranquellen zu gewinnen –, sich das Brasiliengeschäft dadurch zu sichern, daß sie als »süße Zugabe« eine Anreicherungs- und eine Wiederaufbereitungsanlage mitverkauft. Sie beruft sich dabei auf Artikel IV des Nichtverbreitungsvertrages und begründet ihr Vorgehen damit, daß man Entwicklungsländer nicht diskriminieren dürfe. Unter dem Druck der Amerikaner und anderer Mitglieder des Londoner Clubs haben allerdings sowohl die bundesdeutsche wie die französische Regierung inzwischen Erklärungen abgegeben, daß sie in Zukunft darauf verzichten wollen, derartige plutoniumträchtige »Bonbons« anzubieten. Japan, das zur Zeit noch auf amerikanischen Brennstoff angewiesen ist, versucht, mit den Russen ins Geschäft zu kommen. Die Regierung Fukuda ist offenbar überzeugt, daß nur eine große Kernenergieindustrie die nahezu vollständige Abhängigkeit des Landes von Ölimporten abbauen kann. Japan und die Bundesrepublik könnten jederzeit eigene Atombomben bauen. Nicht zuletzt die Sorge vor einer deutschen Atomrüstung war ein zentrales Motiv beim Abschluß des Nichtverbreitungsvertrages. Die internationale Diskussion schließt auch jetzt diese Möglichkeit nicht aus, hält sie jedoch für unwahrscheinlich, solange das Vertrauen an den Schutz des amerikanischen Nuklearschirms nicht bröckelt.

3. In der »dritten Klasse« der Nukleargesellschaft befinden sich diejenigen Staaten, die zwar eigene Kernenergieanlagen besitzen, aber noch auf lange Zeit von Wiederaufbereitungs- und Entsorgungsleistungen anderer Staaten abhängig sind. Diese sogenannten »Schwellenmächte« spielen in der internationalen Diskussion eine wichtige Rolle, sobald sie aus ihrem Status hinausdrängen und den Versuch machen, Einrichtungen zu erwerben, die waffenträchtig sind. Eine amerikanische Studie, die maßgeblichen Einfluß auf das Nuklearpolitikkonzept der Regierung Carter hatte, unterscheidet zwischen verschiedenen Gruppen: »Unsichere Staaten« sind Israel, Südafrika, Südkorea, Taiwan und Jugoslawien. »Statussuchende Staaten« sind Brasilien, Indien, Iran und Spanien. Beiden gegenüber stehen »rivalisierende Staaten«: Argentinien gegen Brasilien, Ägypten gegen Israel, Nordkorea gegen Südkorea, Pakistan gegen Indien. Zu den »Schwellenmächten« ohne erkennbare Rüstungsabsichten gehört Mexiko.

4. Eine Übersicht vom Februar 1975 weist aus, daß von 142 Staaten 19 Kernkraftwerke betreiben; 14 weitere planen deren Einrichtung. Die Mehrzahl der Staaten der Welt gehört also dieser »vierten Klasse« an. Sie waren bis vor kurzem entweder an Kernenergie nicht interessiert, weil sie wenig Energie brauchten und über genügend andere Energiequellen verfügten, oder sie sind zu arm, um sich eine so teure Energietechnologie leisten zu können. Aber auch unter ihnen finden sich Länder, die in wenigen Jahren den Wunsch verspüren könnten, sich durch Kauf, Bau oder Annahme eines »Geschenks« in den Besitz von Atomwaffen zu setzen (z. B. Chile, Indonesien, Philippinen, Uruguay, einige Ostblockstaaten).

V.

Dieses Gefälle in der Nuklearhierarchie wird von vielen Regierungen als ein Machtgefälle angesehen. In ihm verbirgt sich ein mindestens ebenso großes Konfliktpotential wie in den Ungleichgewichten zwischen ölproduzierenden, ölverbrauchenden industrialisierten und ölabhängigen armen Ländern. Die Motivationen der »Habenichtse«, sich in den Besitz einer Technologie zu bringen, die, auch wenn sie ökonomisch unsinnig und ökologisch gefährlich ist, doch unter prestige-, macht- und sicherheitspolitischen Gesichtspunkten attraktiv scheint, sind stark. Nur wenn man diese Motivationen ernst nimmt und sie für jeden Staat genau analysiert, mag es gelingen, sie in einzelnen Fällen abzubauen. Die internationale Situation auf diesem Felde hat sich so entwickelt, daß es »keine simplen Lösungen mehr gibt, die durchsetzbar sind, keine durchsetzbaren Lösungen, die simpel sind und überhaupt keine Lösungen, die in jedem Fall anwendbar sind«, wie ein amerikanischer Experte schreibt. Die in sich doppeldeutige Struktur der zur Entscheidung stehenden Optionen wird sichtbar, wenn man die Möglichkeiten einer gegensteuernden Politik untersucht. Selbst die differenzierteste Nichtverbreitungspolitik kann nicht darüber hinwegsehen, daß sie die Diskriminierung zu ihrem leitenden Gesichtspunkt macht. Diejenigen demokratischen Staaten, die in der Lage sind, Kernenergieanlagen und Brennstoffzyklen herzustellen und zu exportieren, geraten notwendigerweise in die gleichen Konflikte, die sich auch innenpolitisch beim Aufbau nukleartechnischer Großsysteme ergeben: in die Konflikte zwischen Freiheit und Sicherheit, zwischen Mitsprache der Bürger und sicherer Versorgung, zwischen der Doktrin, daß jeder Staat das Recht auf Selbstbestimmung haben müsse, und der Überzeugung, daß es unverantwortlich gegenüber den Überlebensinteressen ganzer Gesellschaften ist, eine Technik in sie einzuführen, wenn man sie nicht gleichzeitig vor den Auswirkungen dieser Technik schützt. Jeder Exporteur von Kernkraftwerken steht vor der Entscheidung, ob er Eingriffe in die Souveränität des Empfängerlandes fordern soll, weil er nur so die Sicherheit der gelieferten Anlagen garantieren kann, oder ob er wider besseres Wissen, um des Grundsatzes der politischen Selbstbestimmung willen, auf technisch perfekte Kontrollen verzichtet. In einer Welt, in der die Infrastruktur für eine Plutoniumökonomie langsam aber konsequent aufgebaut wird, gerät die Verantwortung für die Sicherung des Friedens in Widerspruch zu der Verantwortung für die Erhaltung von Spielräumen der Freiheit.

Unter den Bedingungen des weltpolitischen Status quo gibt es aus diesem Dilemma keinen Ausweg. Solange die Erde in souveräne territoriale Nationalstaaten parzelliert ist, die einander mit Mißtrauen, Furcht und Konkurrenzneid betrachten und deren Sicherheits- und Selbstbehauptungsbedürfnis jederzeit, wenn sich die Mittel und die Gelegenheit bieten, in Aggressivität umschlagen kann, wäre es die einzig wirksame Nichtverbreitungspolitik gewesen, Kerntechnik insgesamt zu ächten und die Ergebnisse der Nuklearforschung unter Verschluß zuhalten. Da das vor 25 Jahren nicht geschehen ist, kann heute die Proliferation vielleicht verlangsamt, aber sicher nicht aufgehalten werden. Gegenstrategien müßten darauf abzielen, wenigstens die dumpfe und irrationale Faszination, die diese Technik auslöst, abzubauen. Mit großer Geduld müßte eine weltweite Aufklärung über die außenpolitischen Gefahren, die gesellschaftspolitischen Konsequenzen und die ökonomischen Unsicherheiten, die mit der Kerntechnik verbunden sind, betrieben werden. Gleichzeitig wäre eine Auflockerung und Umgestaltung der veralteten und allen großen Herausforderungen unserer Zeit nicht gewachsenen politischen Strukturen anzustreben. Eine langfristige und kluge Nuklearpolitik müßte versuchen, allen Partnern in diesem weltweiten Gespräch deutlich zu machen, daß die Beherrschung und freiwillige Begrenzung eines so gefährlichen Instrumentariums im wohlverstandenen Eigeninteresse der Staaten liegt. Glaubwürdig wäre eine solche Politik allerdings nur, wenn sie, und sei es unter Verzicht auf angebliche nationale Belange, auch selbst tut, was sie predigt. Geschieht das nicht und geschieht es nicht bald und in enger Kooperation zwischen allen Staaten der beiden »oberen« Klassen der nuklearen Weltgesellschaft, dann wächst die Wahrscheinlichkeit, daß sich die Atombombe als jener furchtbare »Gleichmacher« erweist, von dem schon jetzt Terroristen, Revolutionäre und die Führer manches armen und unterprivilegierten Landes träumen.

Eine Zusammenfassung der wesentlichsten Thesen

Horst Krautkrämer

»Wachstum oder Sicherheit«? – so lautete der Titel der zwölfteiligen Vortragsreihe des Heidelberger Studios im 3. Quartal 1977. Behandelt wurden politische, gesellschaftliche und wirtschaftliche Aspekte der Energiefrage. Und das hieß hier wie heutzutage überall, wo Energiefragen diskutiert werden, über die *Kern*energie reden.

In unserem Falle war das auch von vornherein klar, denn die Vortragsreihe sollte die wichtigsten Ergebnisse wiedergeben, die eine Studiengruppe in der von Professor Georg Picht geleiteten Forschungsstätte der Evangelischen Studiengemeinschaft Heidelberg erarbeitet hat. Ständige Mitglieder dieser Gruppe sowie einige Wissenschaftler, die als Gäste und Berater an der Kernenergie-Studie mitgewirkt haben, waren denn auch die Redner in unserer Vortragsreihe.

Den Anfang machte Georg Picht, Religionsphilosoph von Profession, aber seit Jahrzehnten als nicht unumstrittener, doch immer origineller Denker und Mahner in die politischen Diskussionen hineinwirkend. »Die Zukunft der Atomgesellschaft – was heißt Sicherheit?« hatte er seinen Vortrag genannt. Aus Sorge um die Zukunft der Menschheit, so etwa lautet eine seiner Kernthesen, genügt es heute nicht, die technische Sicherheit von Kernenergieanlagen zu perfektionieren, denn technische Sicherheit in diesem Bereich hat eine völlig neue Dimension des Sicherheitsdenkens im Gefolge. In den folgenden Sätzen von Georg Picht klingt das schon an: »Es ist kennzeichnend für die Mentalität einer modernen Industriegesellschaft, daß in den vergangenen Jahren jener Aspekt des Sicherheitsproblems im Vordergrund stand, der vermutlich von allen der harmloseste ist. Der Streit ging um die *technische* Sicherheit der Atomkraftwerke. Reaktorsicherheit ist etwas anderes als die Funktionssicherheit konventioneller technischer Systeme, denn hier wird mit Materialien umgegangen, die so gefährlich sind, daß bei der Entwicklung von Sicherheitsmaßnahmen technisches Neuland betreten werden mußte. Völlig neu ist der Zeithorizont, der bei der Sicherung einiger radioaktiver Substanzen zu berücksichtigen ist. Sie bedrohen über Tausende von Jahren hin Leben, Gesundheit und Erbgut. Die technische Sicherheit eines Reaktors wird nicht nur durch sein Konstruktionsmodell und durch die Mannschaft, die ihn bedient, garantiert; sie hängt auch von der technischen Verläßlichkeit sämtlicher Zulieferfirmen ab. In allen muß fehlerfrei gearbeitet werden – mindestens müssen die Kontrollen fehlerfrei funktionieren. Die westlichen Industriestaaten und Japan haben seit kurzer Zeit einen Stand der Technik und der Ausbildungssysteme erreicht, der die Annahme erlaubt, daß sie – wir wissen nicht, wie lange – in der Lage sein werden, das Problem der technischen Sicherheit von Kernkraftwerken zu beherrschen.« (s. S. 11)

Doch auch wenn die Kernenergieanlagen jahrzehntelang fehlerfrei funktionieren, eine punktuelle Katastrophe recht unwahrscheinlich ist, sie können uns weder ökonomische Sicherheit, geschweige denn ökologische Sicherheit bescheren: »Die bisherige Wachstumspolitik kann mit den heute von uns genutzten Energieträgern langfristig nicht fortgesetzt werden. Wir müssen eine Kurskorrektur vornehmen. Entweder stellen wir uns rechtzeitig auf eine Politik des Energiesparens und der möglichst breiten Nutzung ungefährlicherer Energieträger (Sonne, Wind, Gezeiten, Geothermik) um, oder wir treiben mit wachsender Geschwindigkeit einem Zustand entgegen, in dem nur noch dramatische Maßnahmen mit vermutlich katastrophalen Auswirkungen helfen können. Das Problem der *ökologischen* Sicherheit ist also untrennbar mit dem Problem der *ökonomischen* Sicherheit verkoppelt. Es geht um die Frage, ob eine Industriegesellschaft überhaupt über längere Fristen in unserer natürlichen Umwelt existieren kann.« (s. S. 14)

Unpopulär ist die Empfehlung, die daraus folgt, doch das macht sie nicht unrealistisch, denn auch wirtschaftliche Fakten, wie die Exportabhängigkeit unserer Wirtschaft, die uns nicht zuletzt deshalb zu immer neuen Kraftakten der Energiezufuhr zwingt, nicht zuletzt diese Gleichgewichtsstörung könnte eines

Tages auch die verantwortlichen Politiker dazu bringen, dem Rat des Philosophen zu folgen: »Wir sollten statt dessen das expansive materielle Wachstum durch stabilisierende Formen des Wachstums ablösen, auch wenn uns das dazu nötigen könnte, unseren im internationalen Vergleich überhöhten Lebensstandard einzuschränken«. (s. S. 16)

Wie unreflektiert, ja, man darf vielleicht sagen, wie leichtfertig die Bundesrepublik sich ab 1955 anstrengte, ihre Wirtschaft ins nukleare Zeitalter zu führen und den 10-bis 20jährigen Forschungs- und vor allem Entwicklungsrückstand in der Kernenergietechnik aufzuholen, das zeichnete Hans-Joachim Bieber nach, ein spannendes Kapitel jüngster Zeitgeschichte, das Ende der 60er Jahre wohl schon abgeschlossen ist, denn seither wird diese Entwicklung von zunehmender Kritik und Skepsis begleitet. Das war anders, als 1955 mit der Errichtung eines eigenen Bundesministeriums für Atomfragen ein Zeichen gesetzt wurde für den Willen der Bundesrepublik, wenn auch auf friedliche Anwendung beschränkt, aber doch, *Atommacht zu werden.* »Politisch war dieses Ziel im wesentlichen unumstritten. Auch die SPD und die Gewerkschaften feierten damals die Anfänge der friedlichen Kernenergienutzung als den ›Beginn eines neuen Zeitalters für die Menschheit‹; auch sie setzten sich dafür ein, die Atomforschung mit allen Kräften und mit größtem Nachdruck zu fördern. Allgemein galt in den 50er Jahren die friedliche Nutzung der Kernenergie als die fortgeschrittenste und zukunftsträchtigste technische Neuentwicklung, und fast alle politisch und wirtschaftlich Verantwortlichen waren überzeugt davon, daß jede Industrienation auf diesem Gebiet mithalten müßte, wenn sie nicht auf längere Sicht zur Zweitrangigkeit herabsinken wollte, ganz besonders die Bundesrepublik mit ihrer exportorientierten Wirtschaft.

Politisch strittig war lediglich die Frage, ob die künftige deutsche Atomindustrie vom Staat gelenkt und betrieben werden oder der Privatwirtschaft überlassen bleiben sollte.« (s. S. 20)

Wie die Entscheidung aussah, wissen wir heute alle, dem Staat ist in diesem Bereich eigentlich nur die Aufgabe geblieben, dafür zu sorgen, daß die Abfälle aus den Kernkraftwerken irgendwann irgendwie sicher verwahrt werden können, d. h., die Voraussetzungen für den Bau einer großen Brennstab-Wiederaufarbeitungs- und Entsorgungsanlage zu schaffen, und ihm ist ferner in jüngster Zeit die Aufgabe zugefallen, mit seiner Polizei die Kernenergieanlagen und dafür vorgesehene Baustellen zu verteidigen gegen immer straffer organisierte Bürgerinitiativen. Das Mißtrauen, das so viele Bürger sich dem Protest gegen die Kernkraftnutzung anschließen läßt, hat freilich seine Ursache in jener frühen Phase deutscher Atomenergiepolitik, als die Atomkommission nur vertrauliche Sitzungen abhielt und Ergebnisse so gut wie nie veröffentlichte. Heute wird zwar die Diskussion auf allen Ebenen der Politik offener geführt, aber dabei werden bisweilen Argumente entwickelt, die Kritiker zum Schweigen bringen sollen, die jedoch bei genauerer Untersuchung sehr fragwürdig sind. Da ist beispielsweise die These: Wir hätten nur die Wahl zwischen Wachstum des Energieumsatzes und zunehmender Massenarbeitslosigkeit. Mit ihr setzten sich Hans-Jochen Luhmann und Andreas Schuke auseinander, indem sie sie zunächst mit der These konfrontierten: wachsender Energieumsatz vernichte Arbeitsplätze. Das Ergebnis war jedoch nicht ein Beweis für die Richtigkeit der einen oder der anderen These, sondern die Entwicklung einer eigenen These über die Rolle der Wachstumspolitik als eines sozialen Konfliktregelungsmechanismus.

Anknüpfend an einen Satz aus dem Jahresgutachten 1975 des Sachverständigenrates, welcher mit den Worten endet: »Was gleichsam der Natur abgerungen werden kann, braucht nicht anderen weggenommen zu werden« ... kommentiert Schuke: »Im Licht dieser Bemerkung versteht man, daß die Energiewirtschaft primär als Träger für wirtschaftliches Wachstum angesehen wird. Zweifellos hatten und haben die Befürworter der Kernenergie die Hoffnung, daß sich der kerntechnische Anlagenbau zu einem technologisch führenden Industriezweig entwickeln könnte, von dem dann bedeutende ökonomische Wachstumsimpulse und Multiplikatoreffekte ausgehen würden. Sie stellen somit die Erhaltung des Konfliktregelmechanismus ›Wachstum‹ in den Mittelpunkt ihrer Bemühung und zeigen damit, daß sie die ungelösten sozialen Konflikte unserer Gesellschaft für mehr zu fürchten halten als die ökologische Neben- und Spätfolgen, die man als Kosten einer auf Maximierung des kurzfristigen ökonomischen Nutzens zielende Politik befürchten muß.« (s. S. 37f.)

In einem komplizierten Gedankengang, den nachzuzeichnen in dieser knappen Zusammenfassung hier der Raum fehlt, beschreibt Luhmann dann Arbeitsbeschaffung durch wachsende Energieerzeugung lediglich als Vorwegnahme der Arbeit, die ansonsten kommende Generationen oder die unsere in späteren Jahren zu tun hätten.

Mit dem Bau von Kernkraftwerken schaffen wir heute mehr Beschäftigung zu Lasten späterer Beschäftigung, der Strom, den sie liefern werden, wird später menschenleere Arbeitsstätten ermöglichen. Beim Bau eines Kernkraftwerks wird in vier Jahren die Beschäftigungsmenge eingesetzt, deren Produkt dann während der auf 25 Jahre berechneten Laufzeit des Reaktors aufgebraucht wird. »Die Beschäftigung, die das Kraftwerk während dieser Zeit erfordert, ist gering und kann hier vernachlässigt werden. Fast die gesamte Beschäftigung, die die Elektrizitätsbereitstellung aus diesem Kraftwerk für die nächsten 25 Jahre erfordert, ist also bereits mit der In-Betrieb-Setzung des Kraftwerks ›vorgetan‹.« (s. S. 42)

Schließt man sich diesem Gedanken an – und dafür spricht einiges –, dann kommt man zu dem Schluß, daß wir unseren Nachkommen nicht nur die Rohstoffe verpulvern, sondern dabei auch noch ihre Beschäftigungsmöglichkeiten vernichten: »Man kann sich mehr oder weniger Beschäftigung von der Zukunft borgen. Doch wie man einen Wechsel nicht unendlich prolongieren kann, sondern ihn schließlich doch einlösen muß, so ist auch der beschäftigungspolitische Wechsel, den wir auf die Zukunft ziehen und dessen technische Möglichkeiten hier behandelt wurden, nicht unendlich zu prolongieren.« (s. S. 44)

Selbstverständlich wurde in dieser Vortragsreihe auch heftig Kritik geübt an der Energieverschwendung, die noch begünstigt wird von einer Energie-Preispolitik, die den Verschwender belohnt und den Sparsamen bestraft, und dies gleich zweimal, wie Ernst-Joachim Mestmäcker aus Bielefeld erläutert hat: »Die gegenwärtige Tarifstruktur begünstigt den Mehrverbrauch von Strom. Gegen eine Veränderung dieser Tarifstruktur ist eingewendet worden, sie werde Arbeitnehmerhaushalte und Rentnerhaushalte benachteiligen. Das Argument ist wenig überzeugend, weil diese Haushalte sicher nicht durch einen Spitzenverbrauch von Strom gekennzeichnet sind, der den Zugang zu günstigeren Tarifklassen erst eröffnet. Generell führt die Prämierung des Mehrverbrauchs und die gleichmäßige Tarifstruktur unabhängig von Spitzenbelastungen dazu, daß im Ergebnis diejenigen Haushalte bestraft werden, die Energie sparen. Denn durch den Mehrverbrauch und durch die Spitzenbelastungen werden wiederum die Notwendigkeiten erhöht, Reservekapazitäten vorzuhalten. Diese Kosten der Kapazitätserhöhung schlagen aber im Zuge des weiteren Ausbaus der Stromversorgung auf alle Stromabnehmer zurück. Sie müssen auch von denjenigen Stromabnehmern getragen werden, die durch ihren Verbrauch die höheren Kapazitätsanforderungen nicht ausgelöst haben.« (s. S. 50f.)

Ursachen für diesen Mißstand sieht Mestmäcker in unserem politischen System des Föderalismus wie in der Betätigung der verschiedenen »öffentlichen Hände« in der Energiewirtschaft. »Es bleibt zu fragen, warum in einem Wirtschaftsbereich, über dessen politische Relevanz Einigkeit besteht, die Spielräume zur besseren Nutzung von Energie so unzulänglich genutzt werden, und warum äußerste Unruhe auf höchster Ebene und gelassene Selbstzufriedenheit mit dem Status quo so unvermittelt nebeneinanderstehen. Während die Bürger zur Vernunft ermahnt werden, scheinen Energieversorgungsunternehmen und die zuständigen politischen Stellen überzeugt, alles Notwendige immer schon getan zu haben. Die Energiewirtschaft liefert ein Lehrbeispiel dafür, was gesellschaftlich und politisch geschieht, wenn die Interessen der öffentlichen Hand und die Interessen der Unternehmen institutionell vereinigt werden.« (s. S. 52)

Was es denn eigentlich heiße, Energie einzusparen, fragten eine Woche später Hartmut Bossel und Ulrich Ratsch, und sie konnten überzeugend vorrechnen, daß, würden nur in den drei Verbrauchssektoren Haushalt, Industrie und Verkehr alle heute technisch sofort möglichen Maßnahmen zur rationellen Energienutzung bei gleicher Energieleistung ergriffen, unser

Bedarf an Primärenergie um mehr als 25 % zurückginge. Und dies, wohlgemerkt, nicht um den Preis weiter zunehmender Arbeitslosigkeit. Das folgende Beispiel dürfte jedem Laien einleuchten: »Würden lediglich eine Million Wohnungen in der Bundesrepublik jährlich wärmedämmend umgerüstet, und würde die Umrüstung jeder Wohnung zwei Leute etwa 14 Tage lang beschäftigen, so ergäbe sich bereits ein direkter Beschäftigungseffekt von 100 000 Arbeitsplätzen für die Installation; bei Zulieferindustrie, Handel, Transport usw. dürfte die Zahl der Arbeitsplätze noch einmal von ähnlicher Größenordnung sein.« (s. S. 65)

Solche Überlegungen und Berechnungen zeigen, daß hier nicht einem Nullwachstum bei Absenkung des Lebensstandards das Wort geredet wird. Die Autoren sind sich bewußt, daß auch das Energiesparen problematisch sein kann, wenn es ähnlich unreflektiert propagiert wird wie die Kernenergienutzung in der Vergangenheit: »Wenn man sich für bessere Energienutzung einsetzt, darf man nicht in den Fehler verfallen, den die Befürworter ständigen Energiewachstums heute begehen: daß man nämlich nicht die wirtschaftlichen, gesellschaftlichen und ökologischen Kosten und Konsequenzen seiner Vorschläge gründlich durchdenkt. Die bessere Energienutzung ist noch nicht sehr lange in der öffentlichen Diskussion, und die Forschung beginnt erst langsam mit der Ermittlung ihrer möglichen Folgen und Folgekosten.« (s. S. 64)

Das Plädoyer für verstärkte Anstrengungen bei der Erforschung von Nebenerscheinungen und Folgeprozessen technischer Entwicklungen setzten zwei andere Mitarbeiter der Studiengemeinschaft, Horst Folkers und Wolfgang Lienemann, acht Tage später fort, indem sie eine gesellschaftliche Einbettung neuer Technologien forderten, eine Forderung, die im Hinblick auf die Kernenergietechnik besonders wichtig ist, weil hier Gefahrlosigkeit zur Voraussetzung hat, daß neben dem technischen auch der menschliche Unsicherheitsfaktor auf Dauer und erfolgreich ausgeschaltet werden könne.

In der soziologisch eingefärbten spröden Sprache stellte sich die Problematik so dar: »Technik entlastet, Sozialität fordert Verantwortung. Das Problem der gesellschaftlichen Einbettung der Technologie lautet dann so: *Die durch die Technik mögliche Entlastung von Verantwortung ist nur so lange rational, als sie in die gesellschaftliche Verantwortung für technische Entlastung einbezogen werden kann.*« (s. S. 83f.)

Beinahe schon Resignation überdeckt den idealistischen Appell in der folgenden Passage aus demselben Vortrag: »Die politische Vorbereitung neuer Technologien wird von dem Bewußtsein getragen, daß Forschungspolitik und insbesondere Technologiepolitik den Charakter einer zukunftsbestimmenden gesellschaftlichen Strukturpolitik haben. Jedoch werden aus dieser an sich richtigen Einsicht in der forschungspolitischen Diskussion und mehr noch in der Realität der Projektförderung immer noch keine hinreichend konkreten Folgerungen für die Einbettung von Technologien in den sozialen Lebensprozeß der Gesellschaft gezogen.

Politisch notwendig ist zunächst, die Aufmerksamkeit für Nebenerscheinungen und Folgewirkungen technischer Entwicklungen erheblich zu erweitern. Dies ist selbst nur durch Forschungen möglich, allerdings nicht durch technische, sondern durch ökonomische, soziologische und psychologische Studien. Die Gefahr ist aber nicht gering, daß solche Studien folgenlos bleiben und lediglich als ein eher lästiges Anhängsel der Entwicklung erfolgversprechender neuer Technologien betrachtet werden.« (s. S. 86)

Besser kann man die Zweifel an den Wirkungsmöglichkeiten des eigenen Tuns im stillen Winkel einer von der Kirche finanzierten Studiengruppe kaum formulieren. Andererseits: Wo anders als in solchen windgeschützten Nischen könnte heute noch von Rücksichten auf Interessen und Interessenten freies Denken gedeihen?

Doch zurück zur Sache. In der Vortragsreihe wurde der Primat der Technik auch aus juristischer Sicht in Zweifel gezogen. In ihrem Vortrag »Altes Recht und neue Technik« forderten Rainer Beeretz und Siegfried de Witt: »Die Rechtsordnung hat nicht die Probleme einer abstrakten Technik zu lösen, sondern konkrete Anlagen, Verfahren, Produkte und ihre Verwendung zu regeln. Die jeweilige konkrete Form einer Anlage oder eines Produkts ist nicht allein das Resultat von Wissenschaft und Technik, sie ist durch gesellschaftliche, insbesondere wirtschaftliche Interessen vermittelt. Die Regelung von Interessen, insbesondere ihre Zuordnung zueinander, ist aber eine wesentliche Aufgabe der Rechtsordnung. Daraus folgt, daß die Definition des Standes von Wissenschaft und Technik nicht den Wissenschaftlern und Technikern überlassen bleiben darf.« (s. S. 70)

Wer will, der mag daraus eine Rechtfertigung des verwaltungsrichterlichen Verlangens nach einem Berstschutz in Kernkraftwerken lesen, den viele Fachleute als überflüssig bezeichnen. Mit Blick auf das Gefährdungspotential, das kerntechnische Anlagen auch bei allem Vertrauen in die Zuverlässigkeit der technischen Systeme und ihrer Sicherungen darstellen, wurde von Beeretz und de Witt der derzeitige Zustand des formalen Rechts als veraltet dargestellt: »Der einzelne Kläger gegen ein Atomkraftwerk kann nur sein eigenes individuelles Recht einklagen, obwohl er tatsächlich immer zugleich für die Lebensinteressen der Bevölkerung seiner Region eintritt. Diese Begrenzung der Klagebefugnis konnte so lange hingenommen werden, wie die schädlichen Auswirkungen geplanter Industrieanlagen nur wenige einzelne trafen. Wenn aber die Bevölkerung eines ganzen Landstrichs von einer Anlage betroffen ist, zeigt sich ein deutliches Mißverhältnis zwischen altem Recht und neuer Technik.« (s. S. 74)

Eine ganz andere Bedeutung im Zusammenhang mit der Atomenergiediskussion gewann Wolfgang Hager dem Begriff »Sicherheit« ab, als er über »Sicherheit der Energieversorgung« sprach. Er meinte nämlich nicht Sicherheit vor einer Bedrohung, sondern Sicherheit vor dem Ausfall der Leistungen, deretwegen wir ja die Risiken auf uns nehmen sollen. Nach der Auswertung von Daten und Fakten, wie sie die Internationale Energie-Agentur in Paris etwa zusammengetragen hat, kommt Hager zu dem Schluß, Mitte der 80er Jahre drohe uns so oder so eine große Energiekrise sub specie Erdölverknappung, die auch äußerste Anstrengungen beim Ausbau der Kernenergiewirtschaft nicht mehr vermeiden könnte. Abgesehen davon, daß wegen des Uranbedarfs hier die Abhängigkeit kaum schwächer ist als beim Mineralöl: »Auch die Uranreserven der Welt sind begrenzt; der Markt wird von einem aus multinationalen Firmen und Exportländern gemeinsam getragenen Kartell beherrscht; und politische und außenpolitische Faktoren beeinträchtigen sowohl die kurz- als auch die langfristige Versorgungssicherheit mit Uran.« (s. S. 109)

Hinzu kommt, daß allein der Uranbedarf der gegenwärtig in der Welt betriebenen Kernkraftwerke, geht man von einer Lebens- und Betriebsdauer von 30 Jahren aus, mehr als die bisher bekannten Reserven dieses Schwermetalls ausmacht. Westeuropa stehe, so Wolfgang Hager, vor zwei gleichermaßen unangenehmen Alternativen: »Entweder es wartet, bis die Energie-Krise Mitte der 80er Jahre eine katastrophale wirtschaftliche Strukturkrise hervorruft, oder es antizipiert diese Lage und provoziert künstlich eine mildere, aber immer noch einschneidende Struktur- und Gesellschaftskrise.« (s. S. 113)

Interessant an einem Exkurs über »Die Kernenergiepolitik der Sowjetunion«, den der ehemalige Wissenschaftsreferent an der Deutschen Botschaft in Moskau, Alexander Brenner, beisteuerte, war vor allem die Information, daß sowjetische Funktionäre die Anti-Atombewegung in den westlichen Ländern nur als »Machenschaften der auf ihren Gewinn bedachten westlichen Erdöl-Monopolgesellschaften« verstehen können. Oder wollen, muß man hinzufügen, denn: »Die sachliche und ideologische Argumentation zur Rechtfertigung des beschleunigten Aufbaues von Kernkraftwerken in der Sowjetunion durch offizielle sowjetische Organe und Funktionäre geschieht nicht in Beantwortung entsprechender kritischer Stimmen, die sich im Lande selbst erheben, sondern hauptsächlich als Reaktion auf die Anti-Atombewegung im Westen.« (s. S. 123)

Im übrigen weiß man sich offenbar in der Sowjetunion zu sehr der Lenin'schen Devise verpflichtet: »Kommunismus – das ist Macht der Sowjets plus Elektrifizierung des gesamten Landes«, als daß man sich erlauben würde, in der Verfolgung dieses Zieles durch Kernenergienutzung Skrupel zu zeigen.

Betrachtungen über die Kernenergie und ihre Verwundbarkeit stellten danach Klaus A. M. Müller und Friedhelm Solms an. Zwar zogen sie die sicherheitstechnischen Maßnahmen im Reaktorbau nicht grundsätzlich in Zweifel, doch konfrontierten sie diesem, von den Fachleuten selbst als »Sicherheitsphilosophie« bezeichneten Überlegungs- und Maßnahmenbündel eine andere, auch fast schon philosophisch im eigentlichen Wortsinn zu nennende These, daß nämlich in der Reaktortechnik eingebaute Sicherheitsvorkehrungen immer nur gegen eine denkbare, eine vorauskalkulierte technische Panne gerichtet sein können und daß darüber andere, nicht vorauskalkulierte Schadensfälle an Eintrittswahrscheinlichkeit gewinnen: »Indem nun eine wirksame Absicherung gegen einen vorausbedachten Schadensverlauf technisch installiert wird, erreicht man gerade, daß dieser Schadensverlauf so unwahrscheinlich gemacht wird wie vieles andere, was unerwartet sowieso eintreten könnte. Ja, man muß sogar vermuten, daß die Summe dessen, was man nicht vorausbedacht hat, mit der größeren Chance des Eintretens ausgestattet ist, weil dagegen die Sicherheitseinrichtungen nicht spezifisch ausgerichtet werden konnten.« (s. S. 92)

Weiterhin erläuterten die Autoren die These, daß der Faktor Mensch jedes noch so perfekte, doppelt und dreifach ausgelegte technische Sicherheitssystem unwirksam machen kann: die durch doppelte Auslegung installierte »Logik der Redundanz« könne jederzeit durch die »Logik des Vorsatzes« außer Kraft gesetzt werden, wodurch sämtliche technologisch kalkulierten Ausfallwahrscheinlichkeiten mit einem Schlage hinfällig gemacht wären. Als Vorkehrung dagegen böte sich an: »Für das Forschungs- und Bedienungspersonal im Bereich nuklearer Energiesysteme . . . wäre eine permanente, mit höchster Effizienz zu handhabende Kontrolle von Lebensstil und Gesinnung unumgänglich. Damit jedoch gerät die ›Sicherheitsphilosophie‹ in Kollision mit den Prinzipien des liberalen Rechtsstaates.« (s. S. 95)

Und damit nicht genug; es spricht einiges für die Richtigkeit der von Solms und Müller vertretenen These, daß nämlich der solchermaßen reglementierte und observierte Experte aus Gefühlen der Diskriminierung und Frustration heraus auf Gegenwehr sinnt, die dann in ein Bündnis zwischen Expertenwissen und Terrorismus münden könnte – solchermaßen »technologiegestützte Systemzerstörung«, eine beängstigende, aber gar nicht so abwegige Vorstellung. – Fazit der Überlegungen über Energiesysteme und ihre Verwundbarkeit: »Heutige Sicherheitstechnik hat zwei gefährliche Enden. Verwundbarkeit besteht nicht nur bei mangelnder Absicherung, sondern auch bei zu weit getriebenen Sicherheitsvorkehrungen. Dann nämlich produziert der Sicherheitsperfektionismus sozialpathologisches Fehlverhalten, das alle technisch errichteten Dämme gezielt wieder durchstoßen kann.« (s. S. 97)

Bernhard Moltmann brachte einen kritischen Exkurs über das geplante deutsch-brasilianische Geschäft mit einer kompletten Kernenergiewirtschaft ein. Unter anderem konnte er überzeugend darlegen, daß das Empfängerland Brasilien im Grunde in seiner Entwicklung gebremst würde, wenn es mit deutscher Hilfe jetzt den Sprung ins atomare Zeitalter riskiert.

Auf drei von Moltmanns abschließenden Thesen zum Problembereich Entwicklungsländer – Atomenergie sei an dieser Stelle noch einmal aufmerksam gemacht:

»3. Der hohe außenpolitische Stellenwert der Nukleartechnologie ist innenpolitisch für solche Regime attraktiv, deren Legitimationsbasis umstritten ist. Hier taucht ein scheinbarer Widerspruch auf: Ist einerseits innenpolitische Stabilität Voraussetzung dafür, daß in einem Entwicklungsland eine Nuklearttechnologie aufgebaut werden kann, so verspricht andererseits gerade eine erfolgreiche Politik auf diesem Sektor, die Machtstrukturen zu verfestigen.

4. Die Diskussion der wirtschaftlichen und technischen Dimensionen bei der Nutzung von Kernenergie vollzieht sich vor einem vollkommen offenen Zeithorizont. Obwohl auf der einen Seite davon absorbiert, kurzfristige Probleme der Versorgung und Steuerung des Wirtschaftsprozesses zu lösen, wenden sich die Regierungen von Entwicklungsländern auf der anderen Seite Zukunftsvisionen zu. Es fehlen weitgehend die Instrumente der Planung und Prognose, um die Zwischenstufe zwischen beiden Extremen zu formulieren.

5. In zahlreichen Fällen vollziehen ›Entwicklungsländer‹ den Schritt zur Kernenergie mit der Hoffnung, politisch und wirtschaftlich ein größeres Maß an Autarkie und Autonomie zu gewinnen. Aber selbst wenn das Verhältnis zwischen Einfuhr

und Ausfuhr durch die Ausschöpfung neuer Energiequellen günstiger gestaltet werden kann, müssen die Lasten im Auge behalten werden, die für die Zahlungsbilanz aus den zu erbringenden Leistungen für den Technologietransfer insgesamt erwachsen. Gerade die Nukleartechnologie bringt Formen der Abhängigkeit mit sich, die sich nicht mit den traditionellen Maßstäben messen lassen.« (s. S. 135)

Nach dieser – wenn man so will – Detailkritik zog der abschließende Vortrag von Constanze Eisenbart noch einmal die großen Linien der durch Vorhandensein und Weitergabe des kerntechnischen Know-how verschärften internationalen Spannungen nach. »Die Verbreitung von Kernwaffen und Kerntechnik« hieß ihr Thema – für sie nur ein gradueller Unterschied in der Verfügungsgewalt über Vernichtungspotential. Ausgangspunkt ihrer Überlegungen ist folgendes: »Wenn in ein politisches Weltsystem, dessen Mitglieder einander mit Mißtrauen, Neid und Konkurrenzgefühlen gegenüberstehen, ein Energiepotential eingeführt wird, das sich in mehrfacher Hinsicht von allen Machtmitteln unterscheidet, die der Menschheit in ihrer bisherigen Geschichte zur Verfügung standen, treten strukturelle Unvereinbarkeiten zwischen veralteten politischen und ›modernen‹ technischen Instrumenten zutage.« (s. S. 137)

Der Sprung ist nicht nur quantitativ, sondern qualitativ, weil hier die Zeitdimension Zukunft ins Spiel kommt: »Noch nie haben Menschen vor der Aufgabe gestanden, so bewußt irreversible Entscheidungen über die politische, gesellschaftliche, wissenschaftliche und wirtschaftliche Organisation von ganzen Erdteilen für sehr lange Zeiträume zu treffen. Es ist mehr als fraglich, ob verhältnismäßig kurzlebige Gebilde wie Einzelstaaten, deren Lebensdauer nach allen geschichtlichen Erfahrungen viel kürzer ist als die Halbwertzeiten der in ihrem Auftrag produzierten strahlenden Substanzen, legitimiert sind, über die Existenzbedingungen kommender Generationen zu verfügen und Prozesse in Gang zu bringen, die große Teile der gesamten Menschheit vernichten können.« (s. S. 137f.)

Legitimiert vor wem, müßte man nun allerdings fragen. Fest steht, daß alle Staaten, die dazu technisch und wirtschaftlich in der Lage waren, die Ergebnisse der Nuklearforschung angewendet haben. Für eine wirksame Nichtverbreitungspolitik ist der geeignete Zeitpunkt vor 25 Jahren verpaßt worden, das sieht auch Constanze Eisenbart, wenn sie von den heutigen Nichtverbreitungsverträgen lediglich eine Verlangsamung erwartet und als heute mögliche und notwendige Gegenstrategien empfiehlt: »Gegenstrategien müßten darauf abzielen, wenigstens die dumpfe und irrationale Faszination, die diese Technik auslöst, abzubauen. Mit großer Geduld müßte eine weltweite Aufklärung über die außenpolitischen Gefahren, die gesellschaftspolitischen Konsequenzen und die ökonomischen Unsicherheiten, die mit der Kerntechnik verbunden sind, betrieben werden. Gleichzeitig wäre eine Auflockerung und Umgestaltung der veralteten und allen großen Herausforderungen unserer Zeit nicht gewachsenen politischen Strukturen anzustreben. Eine langfristige und kluge Nuklearpolitik müßte versuchen, allen Partnern in diesem weltweiten Gespräch deutlich zu machen, daß die Beherrschung und freiwillige Begrenzung eines so gefährlichen Instrumentariums im wohlverstandenen Eigeninteresse der Staaten liegt.« (s. S. 146)

Denken wird man die Utopie immer noch dürfen!

Über die Autoren

Rainer Beeretz, geb. 1945; Studium der Rechtswissenschaften in Freiburg und Berlin; Rechtsanwalt in Freiburg.

Hans-Joachim Bieber, geb. 1940, Studium der Geschichte, Sozialwissenschaften, Germanistik, Philosophie und Pädagogik. Persönlicher Referent des Gründungspräsidenten der Gesamthochschule Kassel.

Buch- und Zeitschriften*veröffentlichungen* zur neueren deutschen Sozialgeschichte, insbesondere zum Verhältnis von Deutschen und Juden, zur Geschichte der deutschen Arbeiterbewegung und zur politischen Geschichte der Nuklearindustrie in der Bundesrepublik.

Hartmut Bossel, geb. 1935; Dipl. Ing., Studium der Ingenieurwissenschaften in Darmstadt und Berkeley; fünf Jahre Professor für Technische Mechanik an der University of California; Mitarbeiter am Mesarovic-Pestel-Weltmodellprojekt; Leiter des Instituts für angewandte Systemforschung und Prognose in Hannover.

Veröffentlichungen u. a.: Bürgerinitiativen entwerfen die Zukunft, 1978; Concepts and Tools of Computer-Assisted Policy Analysis, 3 Bde., 1977; Energie richtig genutzt (Hrsg.), 1976; Systems Theory in the Social Sciences (Mithrsg.), 1976; zahlreiche wissenschaftliche Arbeiten in den Bereichen Strömungsforschung und Systemanalyse sozio-technischer Systeme.

Alexander Brenner, geb. 1925; Dr.-Ing.; Studium der Chemie und Physik an der Universität Erlangen und an der TU Berlin; Wissenschaftl. Mitarbeiter am Fritz-Haber-Institut der MPI-Gesellschaft, Berlin, und am Hahn-Meitner-Institut für Kernforschung, Berlin; bis 1970 Leiter des Labors für Radiochemie im Bundesgesundheitsamt, Berlin; 1971–1975 Wissenschaftsreferent an der Deutschen Botschaft in Moskau; z. Zt. Leiter der Intern. Büros der Gesellschaft für Strahlen- und Umweltforschung, München.

Mehrere *Veröffentlichungen* auf den Gebieten der physikalischen Chemie, Radiochemie, Wissenschaftspolitik der Sowjetunion u. a.

Constanze Eisenbart, geb. 1929; Dr. phil.; Studium der Geschichte; wissenschaftl. Mitarbeiterin an der Forschungsstätte der Evangelischen Studiengemeinschaft (FEST) in Heidelberg.

Veröffentlichungen: u. a. Kleiderordnungen der deutschen Städte zwischen 1350 und 1700, 1962; zus. mit G. Picht Herausgeber von: Frieden und Völkerrecht. Forschungen und Berichte der Evangelischen Studiengemeinschaft, Bd. 27, 1973; Aufsätze zur Umweltpolitik.

Horst Folkers, geb. 1945; Studium der Jurisprudenz und der Philosophie; Wissenschaftl. Mitarbeiter der Forschungsstätte der Evangelischen Studiengemeinschaft (FEST) in Heidelberg.

Veröffentlichungen u. a.: Theorienvergleich in den Sozialwissenschaften als Problem der Politikberatung, Bericht der Studiengruppe für Systemforschung Nr. 119, 1974; (zus. mit G. Bechmann) Politikberatung und Großforschung. Analysen und Berichte aus Gesellschaft und Wissenschaft, 1977.

Wolfgang Hager, geb. 1940; Studium der Sozialwissenschaften und der Internationalen Beziehungen in Schweden und in den USA; Wissenschaftl. Mitarbeiter des Forschungsinstituts der Deutschen Gesellschaft für Auswärtige Politik e. V., Bonn.

Veröffentlichungen u. a.: Zivilmacht Europa (mit Max Kohnstamm), 1973; Erdöl und Internationale Politik (Hrsg.), 1975; Westeuropas wirtschaftliche Sicherheit, 1976; zahlreiche Aufsätze und Beiträge zu Sammelbänden.

Horst Krautkrämer, geb. 1937; Dr. phil.; Studium der Germanistik, Geschichte und Rechtswissenschaft; Mitglied der Wissenschaftsredaktion des Süddeutschen Rundfunks in Heidelberg.

Veröffentlichungen populärwissenschaftlicher Art im Rundfunk sowie in einschlägigen Zeitschriften. 1971 Glaxo-Preis für europäische Wissenschaftsjournalisten.

Wolfgang Lienemann, geb. 1944; Studium der Theologie und Philosophie. Wissenschaftl. Mitarbeiter der Forschungsstätte der Evangelischen Studiengemeinschaft (FEST) in Heidelberg.

Veröffentlichungen u. a.: Unerledigte Anfragen des Anarchismus, in: Zs. f. Ev. Ethik 14, 1970; Schwarze Theologie versus Moderne Gesellschaft, in: I. Tödt (Hrsg.): Theologie im Konfliktfeld Südafrika, 1976; Menschenrechte in der Entwicklung, in: Ökumenische Rundschau 25, 1976; Prognose – Planung – Kontrolle. Überlegungen zum Problem verstärkter Bürgerbeteiligung im Bereich der Energieplanung, 1978.

Hans-Jochen Luhmann, geb. 1946; Dipl.-Volksw.; Studium der Ökonomie, Mathematik und Philosophie; 1974 Mitglied der »Arbeitsgruppe Umwelt, Gesellschaft, Energie« (A.U.G.E) im Forschungsbereich Umwelt und Gesellschaft der Universität Essen; seit 1975 Mitarbeit an der BMFT-Studie »Wirtschaftspolitische Steuerungsmöglichkeiten zur Einsparung von Energie durch alternative Technologien« (erscheint 1978).

Ernst-Joachim Mestmäcker, geb. 1926; Dr. jur.; o. Professor an der Universität des Saarlandes (1959–1963), an der Universität Münster (1963–1968) und seit 1968 an der Universität Bielefeld; seit 1974 Vorsitzender der Monopolkommission.

Veröffentlichungen u. a.: Verwaltung, Konzerngewalt und Rechte der Aktionäre, 1958; Die Vermittlung von europäischem und nationalem Recht im System unverfälschten Wettbewerbs, 1969; Ziele und Methoden der europäischen Integration (Hrsg. zus. mit H. v. d. Groeben), 1972; 2. Aufl. unter dem

Titel: Verfassung oder Technokratie, 1974; Europäisches Wettbewerbsrecht, 1974; Die Anwendung des europäischen Gemeinschaftsrechts auf Urheberrechte, in: Schulze, Urheberrechtskommentar, 1974ff.; Recht und ökonomisches Gesetz. Über die Grenzen von Staat, Gesellschaft und Privatautonomie, 1978; Medienkonzentration und Meinungsvielfalt. Eine vergleichende wirtschaftsrechtliche Untersuchung, 1978.

Bernhard Moltmann, geb. 1945; Dr. phil.; Studium der Politikwissenschaft und Geschichte; Wissenschaftl. Mitarbeiter der Forschungsstätte der Evangelischen Studiengemeinschaft (FEST) in Heidelberg.

Veröffentlichungen u. a.: Militär in Brasilien, in: Sotelo, Eßer, Moltmann: Die bewaffneten Technokraten. Militär und Politik in Lateinamerika, 1975.

A. M. Klaus Müller, geb. 1931; Dr. rer. nat.; Studium der Physik; 1968 Habilitation an der TU Braunschweig, seit 1972 dort Wissenschaftl. Rat und Professor für Theoretische Physik. Arbeitsgebiete: Mathematische Methoden und Grundlagenprobleme der Quantentheorie, theologische und humanökologische Aspekte der Grundlagenkrise in den Wissenschaften und in der Politik.

Veröffentlichungen u. a.: Die präparierte Zeit – Der Mensch in der Krise seiner eigenen Zielsetzungen, 1972; Überlebensfragen I – Entscheidungen heute für das Leben von morgen (Hrsg. u. Mitautor), 1973; Überlebensfragen II – Bausteine für eine mögliche Zukunft (Hrsg. u. Mitautor), 1974; Zukunftsperspektiven – Praxisberichte und theoretische Ansätze zu einem integrierten Verständnis der Lebenswelt (Hrsg. u. Mitautor), 1976.

Georg Picht, geb. 1913; Dr. phil.; Studium der klassischen Philologie und Philosophie; Professor für Religionsphilosophie an der Universität Heidelberg; 1945–55 Leiter des Landerziehungsheimes Schule Birklehof; seit 1958 Leiter der Forschungsstätte der Evangelischen Studiengemeinschaft (FEST) in Heidelberg.

Veröffentlichungen u. a.: Die deutsche Bildungskatastrophe, 1964; Die Verantwortung des Geistes, 1965; Mut zur Utopie, 1969; Wahrheit – Vernunft – Verantwortung, 1969; Theologie – was ist das? (Hrsg.), 1977; zahlreiche Aufsätze zu philosophischen und politischen Themen.

Ulrich Ratsch, geb. 1943; Dr. rer. nat.; Studium der Physik; Wissenschaftl. Mitarbeiter der Forschungsstätte der Evangelischen Studiengemeinschaft (FEST) in Heidelberg.

Veröffentlichungen und wissenschaftliche Arbeiten auf dem Gebiet der Festkörperphysik.

Friedhelm Solms, geb. 1935; Studium der Philosophie, Soziologie und Musikwissenschaft; wissenschaftl. Mitarbeiter in der Forschungsstätte der Evangelischen Studiengemeinschaft (FEST) in Heidelberg.

Veröffentlichungen u. a.: Dimensionen des Friedens, in: Internationale Dialog Zeitschrift 4, 1971; Wachstum oder Überleben, in: Müller/Solms/Weizsäcker/Gupta, Überlebensfragen, 1973; Überleben und Emanzipation, in: Aichelin/Liedke (Hrsg.), Naturwissenschaft und Theologie, 1974; Koexistenz oder Konvergenz? Einleitung zu: Halina Jaroslawska, Ökonomische Aspekte der friedlichen Koexistenz, Studien zur Friedensforschung, Bd. 10, 1974.

Andreas Schuke, geb. 1945; Dipl.-Volksw., Dr. rer. pol.; Wissenschaftl. Mitarbeiter der Forschungsstätte der Evangelischen Studiengemeinschaft (FEST) in Heidelberg.

Veröffentlichungen u. a.: Theorie des Unternehmens. Eine Untersuchung des approximativen empirischen Gehalts des traditionellen ökonomischen Modells, 1977.

Siegfried de Witt, geb. 1944; Studium der Rechtswissenschaften, Soziologie und Geschichte; Rechtsanwalt in Freiburg.